项星◎编著

每天学点幽默口才

中国纺织出版社

内 容 提 要

幽默是一种态度，是戴着“乐观”的眼镜去观察世界，让我们看出世间一切事物的快乐之处，幽默更是一门最生动、最有趣、最实用的口才艺术。本书精心挑选了近400个幽默案例，以事例说理，条分缕析，论证幽默口才的作用和效果；介绍了上百种幽默口才的诀窍和方法，教你如何应对困难，如何为人处世，从容而又自信地生活。

本书为你打开了一扇认识幽默、运用幽默、享受幽默的窗户。闲来无事，信手拈起翻上几页，或让你为之展颜，为你的生活增添些许快乐；或让你释然，为你的口才插上智慧的翅膀；或让你“惊艳”，欣欣然而细细品读。无论你是浅尝辄止，还是深入探究，里面都藏有值得你去借鉴、学习甚至挖掘的深厚内涵。

图书在版编目（CIP）数据

每天学点幽默口才／项星编著．—3版．—北京：中国纺织出版社，2014.9（2017.1重印）

ISBN 978－7－5180－0902－2

Ⅰ.①每…　Ⅱ.①项…　Ⅲ.①幽默（美学）—口才学—通俗读物

Ⅳ.①H019－49

中国版本图书馆CIP数据核字（2014）第191103号

策划编辑：闫　星　　责任编辑：闫　星　　责任印制：储志伟

中国纺织出版社出版发行

地址：北京东直门南大街6号　邮政编码：100027

邮购电话：010—64168110　传真：010—64168231

http://www.c-textilep.com

E-mail:faxing@c-textilep.com

北京通天印刷有限责任公司印刷　各地新华书店经销

2010年7月第1版　2017年1月第3版第10次印刷

开本：710×1000　1/16　印张：16

字数：210千字　定价：29.80元

序

“幽默”是一个舶来语，当初许多人无法理解其准确含义。林语堂先生解释说：“凡善于幽默的人，其谐趣必愈幽隐；而善于鉴赏幽默的人，其欣赏尤在于内心静默的理会，大有不可与外人道之滋味。与粗鄙的笑话不同，幽默愈幽愈默而愈妙。”可以说幽默是人类智慧的结晶，是一种高级的情感活动和审美活动，任何平淡庸劣的价值取向和因循固陋的思维方式都不是幽默。

生活中，我们常常可以看见幽默口才所迸发的智慧火花。单调乏味的场合，来上一两句幽默谈笑，沉寂局面立刻被打破；双方争论激烈剑拔弩张、僵持不下时，旁观者的一两句幽默话语，即可使争执的双方哑然失笑，握手言欢；遭遇尴尬场面进退两难时，一句诙谐的自嘲，既展示了自己的风度，也给了彼此一个化干戈为玉帛的“台阶”。而善于幽默者，也在展示个人幽默智慧的同时，展示了自己积极乐观、平等待人、与人为善的品质，往往更容易成为整场交际活动的中心。因为，说话幽默风趣不但能给周围的人增添快乐，更能借助带有深刻哲理和启迪性的语言而使自己具有诱人的魅力。

幽默不单单使人发笑，重要的是它能带给人们心理上一种轻松和快慰。幽默是对他人过失的原谅，是对周围环境的喜剧式调侃，也是面对自我困境时的一种自嘲和解脱，因而会给生活带来无限的欢乐。

幽默是一种语言的艺术，它是诙谐的谑语和特殊的情感交流方式，是智慧的聚宝盆和成功者的利器。它充满了机智，它来源于生活，不但可以愉己悦人，还可以解决棘手的实际问题。

即使是对他人他事的嘲讽和鞭笞，幽默也显得非常斯文和委婉，给辛辣的批评穿上了温柔的纱衣。

幽默更是一种生活技巧，它能把自己和他人从尴尬境遇中解救出来。人生不仅会经历多种艰难、多种坎坷，而且也会遇到各种各样的尴尬。尴尬可能使你进退两难，尴尬可能使你失掉机会，尴尬可能使你丢面子，尴尬可能使你优雅不起来，尴尬可能使你活得不舒服、不自在、不潇洒……而幽默能够最轻松地把你从尴尬中解救出来。职场幽默是工作晋升的动力，工作中幽默感的价值在于给严肃、紧张的工作来点调剂。能幽默地表达你的观点，和同事友好相处，团结共进；能幽默地教导和批评下属，用幽默激励下属；在笑声中批驳你的上司，能幽默地向上司提出自己的建议，这样的工作方式会使你在职场如鱼得水。

幽默更是家庭生活的“调味剂”，常讲些诙谐幽默的话，可以增加夫妻生活的乐趣，使家庭生活充满温馨和谐的气氛。

幽默是一种大智若愚的睿智，在生活中，每一句幽默的语言都是一个宝贵的闪光点。幽默是一种博爱，能使这个充满矛盾的世界变得轻松，使人们变得快乐。我们不一定每一个人都要成为政治家或者演讲家，但我们至少可以成为具有幽默感的人，懂得欣赏幽默，让幽默融入我们的生活，让每个人都快乐起来!

编著者

2014 年 6 月

上篇 让幽默成为嘴边绽放的智慧之花

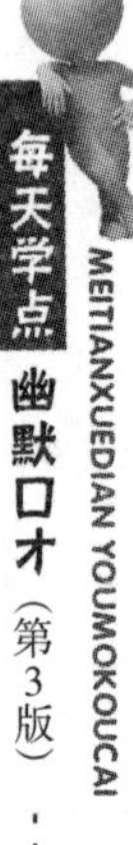

下篇　让幽默成为你习惯的表达方式

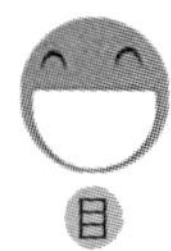

上篇

让幽默成为嘴边绽放的智慧之花

第一章

玩转幽默口才，做最受欢迎的人

幽默是人类智慧的结晶，幽默的话语能够消除尴尬，赶走困窘，在生活的角角落落播撒欢乐的种子。懂得生活的人懂得幽默，幽默的人心中充满阳光，充满阳光的人总能够快乐自在地生活。

用智慧激发出幽默的灵感

真正的幽默，是令人用五分钟发笑后，却要用十分钟来思考回味。因为唯有饱含情趣的人生智慧，才是幽默的灵魂。

幽默是个再常见不过的词儿了，可是很多人却不懂幽默。

脑袋上顶着很多盘子，然后“哗”的一声砸了，全摔碎了；把汽车开到商店里去，撞倒了很多货架；妩媚的模特走秀时一脚踩空，失去平衡掉到台下去……这些不分男女老少看到都会发笑的搞笑场景，是滑稽，不是幽默。

那么，究竟什么是幽默呢？

美国哲学家帕克有这么一句话：“幽默的目的是审美。”也就是说，幽默是对智慧、聪明和博学的巧妙应用，使人发笑、惊异或啼笑皆非，使人开心、欢乐，是以表面上的滑稽和形式上的玩笑，起到实质上的庄重和内容上的严肃之效果。用一句通俗的话来说就是“亦庄亦谐”，即语言庄重却透露出雅趣风范，雅趣中又蕴含着庄重大方。倘若只有庄重则失之严肃，索然无味；如果只有雅趣，则未免流于凡俗，缺少翩翩风度了。

打个比方，你咬紧牙关、心急如焚地硬去拧盖着的瓶盖儿，却怎么也拧不开；而当你心平气和下来，拿捏准位置，只轻轻一拔，瓶盖儿竟神奇般地打开了。幽默就是“在准确位置的轻轻一拔”，看似不轻不重

的巧劲儿，体现的却是人类独有的解决问题的智慧。

有一个女作家，她的言情小说写得细腻优美，很受读者喜爱。在一次签售会上，有一个人很不服气地走到台前，当着众人的面冲着她嚷道：“你的作品写得可真好。不过，我想请问是谁帮你写的呢?”

这个家伙竟然对作家如此无礼，这不是摆明了来闹事吗？台下的气氛顿时变得很紧张，所有喧闹的声音突然消失，有的读者看着作家，觉得很尴尬。大家都不知道接下来会发生什么，也不知道女作家该如何挽回面子。

然而，女作家并没有表现出很尴尬的神情，她甚至都没有生气，而是面带微笑礼貌地回答这个人，说：“谢谢你对我作品的夸奖。不过，我也想请问，是谁帮你看的呢?”

作家的反问让那个人哑口无言，他灰溜溜地逃走了，台下是一片热烈的掌声。面对诘难，女作家以幽默的语言巧妙回击，不但维护了自己的形象，更展示了自己的聪明才智。

真正的幽默既不像滑稽那样让人傻笑，也不像冷嘲那样让人在笑后觉得辛辣。它极适中地使人在理智思考过后，在情感上产生会心甜蜜的微笑，这才是真正的幽默。它饱含着意味深长的智慧，而不是简单的插科打诨，不是无聊的玩弄噱头，不是庸俗的油腔滑调，也不是刻薄的冷嘲热讽。

幽默是智慧的象征，是人类智慧财富中的无价之宝。有智慧的人不一定幽默，但幽默的人一定是智慧的。心情浮躁时，和富有智慧的人聊一聊，那么你就会感觉似有一股清泉慢慢地流入你混浊的心灵，荡涤心中的污垢，让心灵变得清晰明亮。

有一次，达尔文参加一个皇家宫廷宴会，恰好和一位美貌的贵族小姐坐在一起，贵族小姐上前责问达尔文：“达尔文先生，听说你断言人类都是猴子变来的，请问我也属于你的断言之列吗?”

达尔文稍视一下，彬彬有礼地说："当然是，不过你不是普通的猴子变的，而是一只长得非常迷人的猴子变来的。"贵族小姐一听，虽有愠意却又十分满足，只点了一下头便快步离开了达尔文。

达尔文用得体的幽默语言，既捍卫了自己的观点，又不露声色地夸赞了贵族小姐，使对方充分感受到了他灵活的应变能力和过人的智慧，被后世传为美谈。

某著名心理学家应邀出席一场国际研讨会，研讨关于人类的居住环境对性格的影响力。会上有记者问了他这样一个问题："如果你在一家餐厅里要了一杯啤酒，却发现啤酒里有一只苍蝇，你会怎么办?"

心理学家略作思考，回答道："如果我是英国人，那么我会非常绅士地吩咐侍者'请给我换一杯'；如果我是法国人，我会将杯中的啤酒泼在地上；如果我是西班牙人，我就不去喝它，在桌上留下钞票，然后悄然离去；如果我是日本人，我会让侍者把餐厅经理叫来训斥一番；如果我是阿拉伯人，我会把侍者叫来，把啤酒递给他，然后说'我请你喝……'；但如果我是美国人，我会向侍者提议'以后请将啤酒和苍蝇分别放置，由喜欢苍蝇的客人自选将苍蝇放进啤酒里，你觉得如何?'……"

心理学家分不同情况的幽默假设，既避免了片面作答授人以柄，又以诙谐的形式暗中传达了自己的思想，堪称绝妙!

阳光普照大地，无为无欲，但却造就了自然界的勃勃生机；幽默的人，说出话来虽让人感到如憨似傻，但却因心地透明、心境豁达开朗，实质上在那自嘲自谑或天真稚纯的话语中，我们却能感受到幽默者淳朴的天性和无穷的智慧。

利用幽默让自己更出众

请记住这样一句名言："如果你想征服这个世界，就必须学会幽默，使这个世界更有趣，使自己充满生机活力！"

幽默的力量是以愉悦的方式表达出来的，能够使生活变得健康、活泼，使人生富有创意和诗意。幽默从机智出发，但超越了单纯的机智，使机智达到能够表现更高力量的境界。

有一天，德国大诗人歌德在公园里散步，在一条狭窄的小路上，他恰好遇上了一位强烈反对他的批评家。这位傲慢的批评家扬起下巴说："你知道吗？我这个人从来不给傻瓜让路！"歌德却说："而我恰恰相反。"说完闪身让出一条路让批评家过去。

幽默不是每个人生存的"必要条件"，但每一点幽默的出现，就像树林中掠过阵阵清风，不仅有灵动感，而且还给人富有生机活力的感觉。

小城里住着一位著名的演讲家，他60岁生日时，有很多朋友从各个城市来看望他。他的仆人劝他戴上帽子，因为他头顶已经全都秃了。

演讲家回答说："不必了，你不知道秃头有多好，因为我会是第一个知道下雨的人！"仆人咧开嘴大笑着赞同了。

当一个人浑身充满幽默的力量，善作趣味思考的时候，即使他有着令人不满意的身体特征，也会变得更加容易被人接受。

有一位男教师身材矮小，当他在新学期第一次走上讲台时，学生们有的面带嘲讽，有的冷眼旁观，更有甚者则交头接耳、当众取笑。

面对这样的情况，这位老师扫视了一下大家，然后风趣地说："我出生的时候，上帝对我说过，现代人类没有合理计划，总是追求身高上的盲目发展，这将有严重的后果，我警告无效，你先去人间做个示范吧！"同学们哄堂大笑，为老师的坦然和自信而折服，继而鸦雀无声地认真听课。很显然，他们都被老师幽默中透露出的自信所折服了，已经忽略了他身材上的缺陷。

具有幽默感的人都有一种出类拔萃的人格，能清楚地认识到自己的力量，独自应付任何艰难的窘境。在领导者的交锋中，幽默比不幽默更有力量，能化难为易，变尴尬为主动。幽默使领导者具有人格亲和力，也使领导者更有力量。政治场上许多逸事，都说明了这一点。

1945 年 8 月 28 日，毛泽东从延安飞抵重庆参加国共和谈。期间有人向毛泽东提了一个尖锐且不太好回答的问题："假如此次和谈失败，国共再度开战，毛先生有无信心战胜蒋先生?"

毛泽东回答："先生讲的只是一种假设，这个问题不大好说。总之我们也作过最坏打算。至于我和蒋先生嘛，蒋先生的'蒋'字，乃是将军的'将'字头上加了一棵草，他不过是一位草头将军而已。"

提问者又问："那么，请问毛先生的'毛'字，又作何解释呢?"毛泽东答道："我这个'毛'字，可不是毛手毛脚的毛，而是一个反'手'，反手即反掌，意思就是代表大多数中国民众意愿和利益的共产党，要战胜代表少数人利益的国民党，易如反掌！"毛泽东通过这种"解字"式幽默，冷静回应了敏感的话题，引来全场掌声。

苏联领袖赫鲁晓夫当权之后，一次在大会上公然批评斯大林。忽然有人在听众席上喊道："那斯大林当权时你们到哪里去了?"

赫鲁晓夫向听众席看了一眼，说道："刚才说话的那位同志能不能

站起来一下啊？”良久，没人站起来。赫鲁晓夫接着说道：“我们那时就是你这么一种心理状态。”

这，就是幽默的力量！也许我们不能像演讲家那般能言善辩，也不如杰出领导人那样不卑不亢，但我们却可以时时去转动一把钥匙——幽默，为我们的生活锦上添花！

用幽默展现你的宽容

幽默中不只包含着洋洋洒洒的智慧，使世界充满生机活力，幽默更能在困境中展示悠然超脱的处世态度，以一颗无比宽容的心淡看红尘冷暖。

深邃的天空容忍了雷电风暴的一时肆虐，才有了风和日丽；辽阔的大海容纳了惊涛骇浪的一时猖獗，才有了碧波荡漾。如果说宽容是壁立千仞的泰山，是容纳百川的江河湖海，幽默则是泰山上的嶙峋怪石，是海面上跳跃的浪花，展示的是一种豁达的宽容。

一辆载满乘客的公交车在转弯刹车时，站在门口的一位老人打了一个趔趄，不慎撞到了坐在旁边的年轻妇女身上。那妇女朝老人白了一眼，嘀咕了一句：“真是老不死的！”老人听后并未生气，反而乐呵呵冲着她说：“姑娘，谢谢你！”

别人不解地问：“老大爷，她是在骂您呢，您不责怪，反而还谢她？”老人说：“是你弄错了，她分明是在祝福我呢！她希望我老了不要死，我难道不该表示感谢吗？”这位妇女坐不住了，低着头站起来对老

人说："我快到站了，还是您来坐吧！"

老人用诙谐的幽默宽容了年轻妇女的刻薄，打破了本来十分难堪的局面，给了这位妇女一个保全颜面的台阶，也为自己赢得了周围人的尊敬。

善于驾驭幽默的人大都是将世事看得超脱的人，淡看庭前花开花落，漫观天上云卷云舒。他们眼中的幽默，不管是尖刻，还是宽宏、浑朴、机敏，都出自宽广的胸怀，裨益于世道人心。

有一次，英国现代杰出的现实主义剧作家萧伯纳在街上散步。他一边走路一边低着头思索，突然从旁边的人行道上冲出一辆自行车，他来不及闪躲，被撞倒在地，幸好没有受伤，只虚惊一场。骑车人急忙扶起他，满脸通红地连连道歉，萧伯纳做出一副惋惜的样子说："老兄，你今天的运气真不好，如果你把我撞死了，你就可以名扬四海了！"

不是责难，也不是谩骂，萧伯纳以幽默达观的态度对待冒犯者。无独有偶，印度作家泰戈尔也有这样的遭遇。

一天，泰戈尔接到一个姑娘的来信，大意是："您是我敬慕的作家，为了表示我对您的敬仰，我打算用您的名字来命名我心爱的哈巴狗。"

泰戈尔给这位姑娘写了一封回信："我同意您的打算，不过在命名之前，建议您最好和您的哈巴狗商量一下，看看它是否同意。"

泰戈尔是如此宽容豁达，他的回信又多么巧妙诙谐！饱含宽容的幽默，才是韵味十足的宽容，有益于为人处世，亦有益于教育世人。

一位推销员卖给一位农场主一台电脑。几个月后，他满怀信心地再去那家农场拜访，却看到电脑原封不动地摆放在书桌上。他十分沮丧地说："对不起，我不知道你们原来用不上它！"

农场主热情地说："噢，不！自从有了它，我的农场产量增加，工

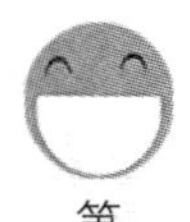

人们的效率也提高了!”推销员一脸疑惑，农场主接着说，“每天早晨，我就警告我的工人们，假如你们不加倍努力工作，那部机器就会取代你们!”

宽容了别人，就等于善待了自己。宽容是成就事业的基石，是化解矛盾的良药，是利己利人的法宝。而幽默，则是特殊的转换器，使宽容表现得更得体、巧妙，甚至是深刻。

一分幽默，换来万分快乐

幽默给世界带来了许多笑声，幽默使人们在笑声中得到启迪，生活因为幽默而变得美丽，人生因为幽默而变得轻松。幽默是生活中一道挡不住的欢乐风景!

幽默是才华和感性的结晶，幽默思维是一种愉快的思维。具有幽默感的人，往往是乐观主义者，为人处世比较灵活，身上散发着阳光与欢乐的气息。一个具有幽默感的人，会时时发掘事物有趣的一面，并欣赏生活中轻松的一面。

一次，伟大的哲学家苏格拉底正在讲课，他那“悍妇”妻子突然闯了进来，指着他的鼻子破口大骂，一时间所有人的目光都投到了苏格拉底身上。“悍妇”骂累后气势汹汹地走了出去，可没过多久，他的妻子又提起一桶凉水冲着苏格拉底泼了出去，苏格拉底全身湿透，成了一只“落汤鸡”。

当学生们感到十分尴尬而又不知所措的时候，苏格拉底只是

用衣袖擦一擦脸，笑着解释：“我早就知道，雷霆过后必有甘霖。”所有的人都忍俊不禁。一句话就化解了众目睽睽之下的尴尬，何乐而不为呢？

幽默属于乐观主义者，能让人笑口常开，给人一种乐观向上的精神力量。在悲伤的时候，幽默不一定能让你快乐起来，但是它能够帮助你笑对人生，轻松愉快而又有意义地生活。

在一场战争中，战败方的一位将军被炮弹夺去了左腿。他的勤务兵抱着他空荡荡的裤管失声痛哭，将军却泰然自若地笑着打趣：“傻小子，以后你每天只需要擦一只皮鞋了。”勤务兵破涕为笑。将军的乐观精神影响着身边的人，军队重振旗鼓，最终取得了胜利。

丁聪2009年去世，中央电视台曾播放过著名漫画家丁聪的故事。九十高龄的丁聪老先生耳不聋、眼不花，从事漫画创作七十余年，仍然笔耕不辍。丁老与八十多岁的夫人和睦相处，共享老年的欢乐时光。他写给夫人的几句话，幽默诙谐，令人叫绝：

“太太没有错，都是我的错。太太从来没有错。如果太太真的有错，那也是我的错，是我没有发现太太的错。如果没有我的错，也就没有太太的错。所以太太永远没有错。”

这段像绕口令一样的“法则”，令人忍俊不禁。他用夸张搞笑的语言告诉人们一个深刻的道理：夫妻之间相处，要相互宽容，特别要最大限度地包容对方的缺点。众人在赞叹漫画大师丁老的智慧幽默的同时，更加佩服他的睿智乐观。

马克·吐温曾经说：“让我们努力生活，多给别人一些欢乐。这样，我们死的时候，连殡仪馆的人都会感到惋惜。”可见，幽默是一剂多么难得的“良药”，因为幽默总是和笑声连在一起的，笑不仅仅使人心情舒畅、精神振奋，而且能消除忧虑、愉悦人生。

幽默最能提升你的魅力

幽默的魅力，如同空谷幽兰，看不到它怒放的样子，却能闻到它清新淡雅的香味；又似美人垂帘，不能目睹美人之芳华，却能听到婉转娇媚之声音，更引人无限遐思……

在西方文化中，衡量一个人是否具有人格魅力的重要因素就是幽默感。著名的好莱坞笑星迈克·梅尔斯用自己独特的魅力征服了全球，在他很小的时候，他父亲就开始替他选择身边的朋友，如果那个孩子不够幽默，老梅尔斯便不让他进自己家的屋子，他的理由是“他不能到咱们家来玩，这孩子太乏味了！”麦克阿瑟将军在为勉励儿子所写的《为子祈祷文》中，除了求上苍能让儿子“坚强勇敢、心地善良、认清事实、接受磨炼”等以外，还祈求神赐给他“充分的幽默感”，使他绝不自视非凡，过于拘执……

这些逸闻的真实性无从考察，但至少说明了一点，幽默是对一个人更高层次的要求。也许在竞争者的丛林中，幽默者才更有资格成功。

在一次竞选“世界小姐”的决赛现场，主考人向某小姐提了一个很特别的问题：“如果可以选择，请问你是愿意嫁给肖邦还是希特勒？”

该小姐顿了顿，微笑着回答说：“我愿意嫁给希特勒。”全场一时愕然，替她惋惜。谁知该小姐接着说：“假如我能嫁给希特勒，也许人类

就不会发生第二次世界大战了。”顿时满堂为之喝彩，这位小姐一举夺魁。

一个小伙子给女友过生日，热热闹闹的生日宴会进行到高潮时，他的一位毛手毛脚的同事喝多了，不小心撞到了桌子，几个酒杯“啪”的一声落在地板上摔碎了。大家觉得很不好，一时间气氛很紧张，没想到小伙子不慌不忙地拥抱了女友，然后说：“亲爱的，这是祝福你落地生花，岁岁（碎碎）平安呢!”

女友心花怒放地给了他一个吻。宴会瞬间恢复了欢歌笑语。

对于周恩来总理的幽默，很多人都耳熟能详，他的语言机智敏捷又寓意深刻。

新中国成立初期，国内经济刚刚复苏。在一次记者招待会上，一个外国记者向周恩来总理提出一个敏感的问题：“请问总理阁下，中国人民银行有多少资金?”意在讥诮中国贫穷，靠发行钞票维持市场的运作。

周恩来总理看了一眼提问者，然后一板一眼地说：“据我所知，中国人民银行的货币一共有18元8角8分。”这个数字使在场的中外记者愕然。稍停片刻，周恩来总理又进一步解释道：“中国人民银行迄今发行了面值为10元、5元、2元、1元、5角、2角、1角、5分、2分、1分等10种主币和辅币，合计为18元8角8分。”

货币发行量是衡量一个国家通货膨胀水平的标杆，属于国家绝密，岂可轻易为外人道！然而作为一国总理，又不能将这个问题推给主管单位去回答，更不便以“无可奉告”搪塞。总理的回答既巧妙地避开了锋芒，又展示出自己从容不迫的风度，赢得了世界多国人民的喜爱和尊敬。

魅力人生，从幽默口才做起!

让幽默成为一块“亲水海绵”

也许你并不是一个美人，也许你还不是一个富人，也许你离位高权重还远，别急，这些都不影响你成为一个幽默者。先幽默起来，幽默带来亲和，成功就离你不远了！

比起气势压人的演说，它可能缺少言语上的磅礴；比起语重心长的说教，它或许没有正襟危坐的严肃；比起风花雪月的词藻，它绝对不会无病呻吟地哀叹……幽默，是几个诙谐的手势，是几句机智的话语，但它却拥有能够春风化雨的魔力，能使紧张的气氛变得轻松，使陌生的心灵变得亲近。

美国著名黑人律师约翰·马克在发表《要解放黑人奴隶》的演讲时，听众大部分是白人，而且普遍对黑人怀有敌意。于是，他放弃了原来的“开场白”，换言道：“女士们，先生们，我到这里来，与其说是发表讲话，倒不如说给这场合增添点颜色。”听众们咧嘴大笑，紧绷的对立情绪顷刻被笑声驱散，此后的几个小时里，会场都表现出了前所未有的安静。

大家都有这样的体会，和幽默风趣的人相处，会觉得非常轻松愉快，气氛融洽。枯燥的会议，因他在而谈笑风生；朋友聚会，因他而红火热闹；面对严肃的上司，他出语诙谐，松弛其拉长的面孔；面对拘谨的下属，他妙语解颐，缓和其紧张的心情。假如是参与紧张的商业谈判，在激烈的讨价还价之余，来点儿幽默，将有助于顺利地达成协议。

这样的人，容易令人接近；这样的人，使接近他的人也能分享轻松愉快的气氛；这样的人，更能增添人生的光彩。反过来，一个不苟言笑、缺乏幽默感的人，其人际关系也会大打折扣，人们见了他往往会敬而远之。

学校里新来的老师要上观摩课，听课的除了陌生的学生，还有学校教务处的领导。为了消除彼此陌生这个障碍，老师在讲课之前首先自我介绍说："我来自美丽的沿海城市深圳，我姓钱，不是'前途'的'前'，是'没有钱'的'钱'。"一句幽默的开场白立即把同学们和在场观摩的老师们给逗乐了，老师与大家的距离也因此缩短了许多。随后，老师抑扬顿挫，娓娓道来，课堂上不时发出愉快的笑声和热烈的掌声，大家就像久别重逢的老朋友，一见如故，教学效果也特别好。

幽默具有极大的包容力和亲和力，它不仅可以使人轻松摆脱尴尬，更可以树立自己的形象，提升自己的人格魅力和人际吸引力。

抗战胜利后，张大千从上海返回四川老家。行前好友设宴为他饯行，并特邀梅兰芳等人作陪。宴会伊始，大家请张大千坐首座。张大千说："梅先生是君子，应坐首座，我是小人，应陪末座。"梅兰芳和众人都不解其意。张大千解释说："不是有句话'君子动口，小人动手'吗？梅先生唱戏是动口，我作画是动手，我理该请梅先生坐首座。"

满堂来宾为之大笑，并请他俩并排坐首座。张大千自嘲为小人，好似自贬，然而"醉翁之意不在酒"，这句幽默的解释既表现了张大千的豁达胸怀，又制造了宽松和谐的交谈氛围。

幽默是一种智慧的表现，颇具幽默感的人到处都受欢迎，它不仅可以化解许多人际关系中的冲突或尴尬，还能给别人扩大思维的空间和反躬自省的机会。它往往能使人怒气顿消，雨过天晴，亦可带给别人快乐，缩短人与人之间的距离。因此，幽默是一块"亲水海绵"，可以最快的速度消除人与人之间的疏离感，达到人我交融的美好境界。

幽默是一种生活态度

山间清泉之所以汩汩流淌，是因为它的下面有大地永远不竭的水源；幽默者之所以语言风趣幽默，是因为他的内心永远都保持一种豁达开朗的境界。

幽默是以轻松的微笑来表达某些严肃的概念，幽默体现着一种人生的智慧，体现着乐观积极的处世方式和豁达的人生态度。幽默是社会活动的必备礼品，是活跃社交场气氛的最佳调料。当一个人放弃了一切功名利禄的牵挂后，其思想之笔就能醮着人性之美的墨汁创作奇文妙章，其语言之鸟就能展开幽默的翅膀，在心灵的天空中自由飞翔。

心情沉重的人是笑不起来的，充满狐疑的人，话里肯定不会荡漾着暖融融的春意，整天牵肠挂肚的人话里肯定有着化不开的忧郁。只有心怀坦荡、超越了得与失的大度之人，才能笑口常开，妙语常在，话中总是带着对他人意味深长的关爱，带着对自己不失尊严的戏谑。

人们都喜欢听幽默的语言，就像喜欢听动人的音乐、欣赏美妙的诗篇一样。我们和谈吐幽默的人在一起，往往就像置身于蔚蓝的大海边或壮美的大山中一样让自己陶醉。幽默风趣的人，是我们生活中的一道最亮丽的风景线。

我国书画家启功成名之后，经常有人上门求字求画。启功先生为人谦和，心地善良，不愿拂人意，然而，无奈上门的人太多，严重影响了

老人的工作、创作和身体健康，所以，他常在自己的门上挂个牌子，上写：“大熊猫病了！”来者通常会心一笑，打道回府。

美国前总统卡特在南方时，曾虔诚地接受过基督教的洗礼。由于这段经历，记者们常常喜欢让他就道德问题发表看法，其中不乏一些不太礼貌的难题。

有一次，有一位记者问卡特：“如果有人告诉你：你的女儿与别人有不正当的恋爱关系，你将作何感想？”卡特回答说：“我会大吃一惊，不知所措。”稍作中断后他又加上一句：“不过现在还不用操心，她刚刚七岁。”在场的人听了会心而笑。

当然，幽默并非某些人的独家专利。幽默是一门任何人都能掌握的语言艺术。林语堂在论及幽默时说道：“幽默是由一个人旷达的心性中自然而然地流露出来的，其语言中丝毫没有酸腐偏激的意味。而油腔滑调和矫揉造作，虽能令人一笑，但那只是肤浅的滑稽笑话而已。只有那些巍巍荡荡、朴实自然、合乎人情、合乎人性、机智通达的语言，虽无意幽默，但却幽默自现。”

幽默可以调节沟通的气氛，还可以驱除沟通中的疲劳感，让人身心健康，延年益寿。据说，位于意大利亚平宁半岛的5700万人中就有1900万人在75岁以上，平均3万人中就有一个百岁老寿星。这里的人都有一个共同的特点：心胸坦荡、乐观开朗、幽默善谈。他们很爱辩论，虽然有时争得面红耳赤，但却极少真的互伤感情，因为他们总以十分幽默的语言来缓冲刺激、调节气氛。长期的观察证明，意大利人长寿的原因之一，是生活中充满了幽默。

人生有许多无奈，生活中诸事，岂能尽如人意？但幽默却能让你“笑看天下古今愁，了却人间许多事”。由此看来，能否幽默，并不单单靠智慧和口才，还要有知识底蕴，更需具备旷达超脱的生活态度。要知道：幽默感是可遇而不可求的，它是思维的火花、智慧的结晶，它是长

期积累的结果。

摘取欧美陵园里墓碑上写的几则令人莞尔一笑的墓志铭权作欣赏：

在英国约克郡地区，牙医约翰凡的墓碑上写道：“我这一辈子都在忙着为人们填补蛀牙，现在这个墓穴得由我自己填进去啦！”

在美国佛蒙特州安诺斯堡的墓园里，有一块碑上写着：“这里躺着我们的安娜，她是被一块香蕉害死的；错不在水果本身，而是有人乱丢香蕉皮。”还有一对夫妇为出生两周便夭折的孩子撰写的墓志铭颇令人回味：“他来到这世上，四处看了看，不太满意，就回去了。”

这就是幽默：一种对世事的雍容大度，一种对人生的豁达感悟；它并没使你为之捧腹大笑，也没让你为此悲天悯人，却胜过任何说教，余音袅袅，博得你的会心一笑……

第二章

妙语生香，有一种口才叫幽默

几句短短的幽默话语，三言两语皆成绝句，或嬉笑怒骂入木三分，或指点迷津豁然开朗，或前嫌尽释泯恩仇，其内涵可能需要几千几万句话去诠释。但它是不需要诠释的，彼此一个会心的微笑，一切尽在不言中。

幽默为口才锦上添花

如果一个人说话风趣诙谐、幽默睿智，那么他无疑会获得比“口才好”更多的赞誉，也会有更强的社交能力。

口才是什么？简单来说，口才就是日常交谈表现出的口语表达方面的才能。或者可以这样说，口才是口语表达方面的艺术和技巧。具体地说，口才就是在各种口语交谈的实践活动中，表达主体运用准确、得体、恰当、有力、生动、巧妙、有效的口语表达策略，达到特定的交际目的，取得圆满交际效果的口语表达的艺术和技巧。

《三国演义》中有一则千古佳话，描写诸葛亮“兵马出西秦，雄才敌万人，轻鼓三寸舌，‘骂’死老奸臣”的故事。蜀魏两军对阵之时，魏臣王朗到阵前来劝降，舌战群儒的诸葛亮把王朗说得一钱不值，王朗气盛，当时羞愧不已而撞死在马下。诸葛亮的“三寸不烂之舌”竟然抵挡了成千上万的敌军！

拿破仑小时候出身寒微，在群雄角逐的时代，27 岁的他就已经获得当时法国 3000 万人民的崇拜，他不无骄傲地说：“一支笔、一条舌，能抵三千毛瑟枪。”

口才的力量是如此之大，但若在口才中添加幽默睿智的成分，这种艺术会收到更加良好的效果。和别人谈话时，幽默口才更容易

赢得对方的好感。当双方发生矛盾冲突的时候，可以用幽默的谈话使其冰释前嫌。具有幽默感的批评，也会使人乐意去接受。在工作劳累之时，来点笑话，会使人精神放松。总而言之，幽默会使口才达到更高的境界。

一次，英国首相丘吉尔在公开场合演讲，有人从台下递上一张纸条，上面只写了两个字"笨蛋"。丘吉尔知道台下有反对他的人等着看他出丑，便神色从容地对大家说："刚才我收到一封信，可惜写信人只记得署名，忘了写内容。"

丘吉尔不但没有受到不快情绪的控制，影响自己的演讲，反而用幽默的口才将了对方一军，实在是高明。

有一位著名的官员在参加国内总统竞选之前，家里遭窃，他的朋友们同情他的遭遇，纷纷写信安慰他。

这位官员回信说："谢谢你们的来信，我现在心中很平静，因为：第一，窃贼只偷走了我的财物，并没有伤害我的生命。第二，窃贼只偷走一部分东西，而非全部。第三，最值得庆幸的是做贼的是他而不是我。"

他用幽默睿智的语言塑造出一种智慧，也正是这幽默的语言衬托了他作为一个领导人杰出的口才和广阔的胸怀。

幽默口才是一门语言技巧，使听者如沐春风，如痴如醉；幽默口才更是一门综合学问，它反映出敏捷的思维、渊博的知识、出众的智慧以及高超的口语表达艺术，特别是良好的心理素质。这些也同样是口才作为一门艺术的集中反映。

杰出的幽默口才是一项政治资本

在某些特定的社会环境中，幽默口才的力量是惊人的，杰出的幽默口才正成为一项潜力无穷的政治资本。

为什么有的人那么容易就收获了成功，而有的人却总是在失败的边缘徘徊？为什么有的人在各种场合都能游刃自如、左右逢源，而有的人却总是灰头土脸、被人轻视和耻笑？为什么有的人走到哪里就把笑声带到哪里，当之无愧地成为众人的中心，而有的人却落落寡欢，在无人的角落默默地啜泣……

回顾一下人类社会发展的历史，我们就会发现，口才在社会发展和人的自身发展中发挥的作用是不容置疑的。优秀的口才历来都是政治家发表政见、阐明观点、批驳政敌、争取盟友的一个有力武器。大多数的成功者并不仅仅是拥有杰出的知识才能，他们还有另外一个共同点——好口才。

人与人之间交流思想、沟通感情，最直接、最方便的途径就是语言。如果你有一副好口才，你就可以使相互熟识的人情更浓、爱更深；可以使陌生的人产生好感、结成友谊；可以使相互有分歧的人互相理解，使矛盾化为乌有；可以使互相仇恨的人化干戈为玉帛，友好相处。在工作中，一个好口才、敢于说话又善于说话的人，可以充分利用自己的语言交际能力来征服他人，使工作顺利进行。

古人曰："一人之辩，重于九鼎之宝；三寸之舌，强于百万之师。"在漫长的社会发展进程中，口才作为一门艺术，使天下无数学者、志士沉醉于其中。谋臣启奏、策士应付、诸侯施令、辩士游说，无不以演讲作为手段，有"一言可以兴邦，一言可以误国"之说。

在西方社会，演说更是成为各国社会名人表达自己的一个重要手段，涌现了无数个著名的演说家，他们大都具有饱含生机的幽默的思维，杰出的幽默口才为后世留下了许多脍炙人口的千古佳话。

里根说过："在生活中，幽默的话语能促进人体健康；在政治上，幽默有利于提升自己的形象和得分。"他就任美国总统后第一次访问加拿大期间，他发表演说时不时被举行反美示威的人群所打断，当时的加拿大总理皮埃尔·特鲁多感到很难堪，紧皱双眉，而他却满脸笑容地对特鲁多说："这种事情在美国经常发生。我想这些人一定是特地从美国来到贵国的。他们想使我有一种宾至如归的感觉。"这幽默的话把特鲁多说得眉开眼笑。

里根决定恢复生产新式的 B－1 轰炸机时，引起了许多美国人的反对。里根对一帮反对他这一决定的人说："我怎么不知道 B－1 是一种飞机呢？我只知道 B－1 是人体不可缺少的维生素。我想，我们的武装部队同样也需要这种不可缺少的东西。"他的这些话既幽默又坚定，反对的人就不好再说什么了。

在第二次世界大战期间，美、英、苏三国在德黑兰举行首脑会议。但是会议的气氛完全由斯大林控制，通过的决议全是由斯大林提出来的。美国总统罗斯福和英国首相丘吉尔总感到不太舒服，他们商量好要戏弄斯大林一番。

在会议开始前，丘吉尔点燃一支雪茄说道："我昨晚做了一个梦，梦见我成了全球主宰！"罗斯福接着说："我也做了一个梦，梦见我成了宇宙主宰！斯大林元帅，你梦见什么？"

斯大林看了他们两位一眼，慢条斯理地说："我梦见，我既没有批准对丘吉尔先生的任命，也没有批准对罗斯福先生的任命。"

这个意想不到的回答使丘吉尔和罗斯福一下子惊呆了，而后两个人彼此自嘲地笑了一笑。斯大林的回答妙在转换思维角度，从人对人的控制入手，把握思维方向，从而"身处绝地而后生"，不但反过来嘲弄了二巨头一番，也对自己的权位做出了回答。

社会竞争越来越激烈的今天，只有拥有杰出的幽默口才，才能轻松自如地在工作中交谈、在政治上辩论、在学术园地里争鸣、在经济战场上驰骋，在生活中尽情地挥洒和展现自己的才华，真正地去体验自我、实现自我。

幽默口才伴你马到成功

人际交往的成功与否，大部分取决于说话的技巧，取决于能否把话用恰当的方式说到别人心里。

有人生就一张能说会道的嘴，口若悬河，滔滔不绝。然而，语言学家王力说："泼妇骂街往往口若悬河，走江湖卖膏药的人，更能口若悬河，然而我们并不承认他们会说话，因为他们的话里没有多少内涵和素养。"只有出口成章、言之得体、庄谐杂出、旁征博引、引经据典，使闻者如沐春风、欣然信受，别人才会承认是好口才。

自古以来，圆润通达者多能言善辩，不善说话的人处世往往非常艰难，甚至最终遭遇失败。雄辩源于聪慧，应答如流源于机敏。游说者如苏

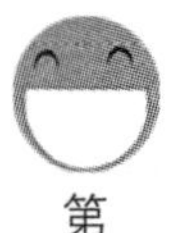

秦、张仪，雄辩者如诸葛亮，明辨事理，舌战群儒，所谓“出言须涉典章，谈说乃傍稽古”，这些杰出的口才家，一句话就能够“扭转乾坤”。

演讲者答辩铿锵有力，掷地有声，不但可借口才引起旁人的重视，也比一般人拥有更多更好的发展机会。美国最著名的演说家之一戴普曾经说过：“世界上再没有什么比令人心悦诚服的交谈能力更能迅速获得成功与别人的钦佩了，这种能力，任何人都可以培养出来。”的确，能够在交谈中把意思幽默地表达出来的人，走到哪里都格外受欢迎。

1991 年，主演《焦裕禄》的演员李雪健同时获得了“金鸡奖”和“百花奖”两个大奖。在颁奖晚会的答谢环节，李雪健没有用别人常说的毫无新意的套话，只是诚挚地说：“苦和累都让一个大好人焦裕禄受了，名和利都让一个傻小子李雪健得了。”他的这一句话刚停，全场观众掌声雷动。他的发言不仅让人“开胃”开心，而且让人了解了他的人格，对他整个人都生出了几分敬佩。

幽默的谈吐可以使自己广受欢迎，更有助于事业的成功。因为幽默诙谐的好口才最能给别人留下深刻的第一印象。

1990 年，我国台湾影视艺术家凌峰先生受中央电视台的邀请参加当年的春节联欢晚会。当时，许多观众对凌峰这个名字并不熟悉，可以说是很陌生，可是，当凌峰说完他那妙不可言的开场白后，观众一下子就认同了他，并给予他热烈的欢迎。

当时他是这么说的：“在下凌峰，我和文章不同，虽然我们都获得过‘金钟奖’和最佳男歌星称号，但我以长得难看而出名……一般来说，女观众对我的印象不太好，她们认为我是人比黄花瘦，脸比煤炭黑。”这一番话说得可谓嬉而不谑，妙趣横生，观众听了无不捧腹大笑。凌峰的这段开场白给在场的观众留下了非常坦诚、风趣幽默的良好印象。不久，在“金话筒之夜”文艺晚会上，凌峰又一次上台，只见他满脸含笑，对观众说：“很高兴又见到了你们，很不幸你们又见到了我。”

对于他的话语，观众报以热烈的掌声。至此，凌峰的名字迅速传遍了祖国大地，被许多人熟悉。而这一切都得益于凌峰优秀的口才。

西方有一位哲学家曾经说过这样的一句话："世间有一种途径可以使人很快完成伟业，并获得世人的认可，那就是优秀的口才。"优秀的口才可以说是现代人不可缺少的交际手段之一，拥有了好口才，自然运气通、人气畅、财气旺；好口才会使你从人群中脱颖而出，助你顺利地达成伟业。

你才是最有吸引力的人

一个具有幽默口才的人，对于别人也总是设身处地，推己及人；一个具有幽默口才的人，往往更能够欢欣乐观，笑对人生。

在我国历史上，很多口若悬河、能言善辩之士，凭着三寸不烂之舌，活跃在当时的政治舞台上，他们之中有的力阻战争，化干戈为玉帛；有的怒斥奸佞，以正气压倒歪风；有的巧设比喻，以柔克刚，争取盟友；有的反唇相讥，绵里藏针，瓦解敌阵。诸葛亮"舌战群儒"和"智激周瑜"就是家喻户晓的口才制胜的故事。

幽默口才是一种人生的智慧，体现着乐观积极的处世方式和豁达的人生态度；幽默口才是一种饱含情趣的素质，令人解颐、畅怀、回味和神往；幽默口才能使人的心情愉悦，谈笑风生，在交际中左右逢源，事半功倍。

幽默口才在生活中起着非同小可的作用。工作中，上司可能因为你的

幽默口才而对你大加赞赏或提拔重用；面对爱情，你所追求的异性可能因为你的妙语连珠、诙谐幽默而对你青睐有加；在人际关系上，人们可能因为你大方得体的幽默口才而对你倍加赞赏，从而树立起自己的威信。

鲁迅曾在北京讲授中国小说史。一次讲完《红楼梦》时，他见课堂上气氛沉闷，便出其不意地问学生："你们爱不爱林黛玉？"许多学生被问得莫名其妙，无从答起。

一位机敏的学生反问道："周先生，你爱不爱？"鲁迅若有所思地答道："我不爱。"学生追问："为什么不爱？"鲁迅非常幽默地答道："我嫌她整天哭哭啼啼。"顿时，课堂上欢声四起，显得非常轻松活跃。

周恩来总理是我国伟大的无产阶级革命家、政治家、军事家和外交家。他的成功，靠的不仅仅是他的智慧和能力，还有他出众的口才。

新中国成立初期，中国因受帝国主义的封锁和包围，依靠在以苏联为首的社会主义阵营里。赫鲁晓夫上台之后，大搞修正主义，向我国提出了一些不切实际的有损中国主权的要求，被我国拒绝。

然而，赫鲁晓夫仍不罢休，1959 年"国庆"期间，他亲自来到中国谈判。在会谈休息时，赫鲁晓夫自作聪明地对周恩来说："我们两人有共同之处，都是国家的总理。但是，我们两人也有不同之处：我出身于工人家庭，而你，出身于剥削阶级家庭。这不是挺有意思吗？"

周恩来笑笑，不假思索地说："我们两人还有一个共同点，那就是，我们都背叛了自己的阶级。"

还有一次，一个美国记者在采访周恩来时，看见他桌上放着一支美国产的派克钢笔。他以一种讥讽的口气问道："请问总理阁下，你们堂堂中国，为什么还要用美国的钢笔呢？"

周恩来淡淡一笑，答道："谈起这支派克钢笔，说来话就长了。这是一个朝鲜朋友的抗美战利品，他是作为礼物赠送给我的。我想，无功不受禄，就推辞。朋友说，留下做个纪念吧。我觉得有意义，于是就收

下了贵国的这支派克钢笔。”

总之，无论在什么场合，无论身处何种境遇，幽默口才都会尽展其无穷魅力，甚至会给你带来绝地逢生的希望，会挽回九死一生的局面，它会为你的生活插上展翅高飞的翅膀。

如果你想事业成功，你需要懂得幽默口才。

如果你想展示自我，你应该学会幽默口才。

如果你想光芒四射，你必须超越幽默口才。

成也幽默，败也幽默

有句歇后语：“茶壶里煮饺子——有嘴倒（道）不出。”有一种人，他们可能也能力卓越，却无法用恰当的、幽默的语言表达出来，结果往往使自己的能力贬值。

三国时期的杨修，思维敏捷，才华横溢，但就是这样一位有能力的人，却因为说话不注意方式和时机，处处表现得比曹操聪明而遭忌恨，最终被砍了脑袋。

曹操命人修建一所花园，花园造成之后曹操去验收时，不置褒贬，只取笔在门上写一“活”字，众人不解其意，又不敢问。只有杨修知道原因，他说：“门内添活字，乃阔字也。丞相嫌园门阔耳。”于是翻修。曹操再看后很高兴，但当曹操得知是杨修看破了自己的意思时，虽然口中夸赞，但心里却非常不舒服。

还有一次，有人进贡给曹操一盒来自塞外的酥饼，曹操很高兴，提笔

在酥饼盒上写下了“一盒酥”三字，放在台上。杨修看见，竟毫不客气地取出与众人分食。曹操问为何这样？杨修答说，你明明写着“一人一口酥”嘛，我们岂敢违背你的命令？曹操虽然笑了，内心却十分厌恶。

杨修绝顶聪明不假，能力超群也不假，但他不仅没有借助能力飞黄腾达，反而惹来了杀身之祸，原因就是他不会说话，无所顾忌，恃才放旷，不懂得韬光养晦，这就注定了他在尔虞我诈的官场成不了大气候，也注定了他在通向权力的道路上成为失败者。而清代才子纪晓岚则是一位靠好口才、大智慧而游刃于官场的了不起的人物。

纪晓岚在宦海沉浮，却可保命全身，这全得益于他的口才。他能言善辩，机智敏捷，学识渊博，出口成章。观其一生，虽政绩平平，却才名远扬，为后人所传颂。

有一天，乾隆皇帝问纪晓岚：“纪卿，你知道‘忠孝’二字如何解释吗?”纪晓岚答道：“君要臣死，臣不得不死，此为‘忠’；父要子亡，子不得不亡，此为‘孝’。”乾隆皇帝听后立刻说：“那好，朕现在就要你去死!”纪晓岚闻此一点都不含糊，回答道：“臣领旨!”

乾隆皇帝好奇地问：“那你打算怎么死?”“跳河。”纪晓岚答道。乾隆皇帝当然知道纪晓岚不会去死，于是就坐在一边看他怎么应对。

过了一会儿，乾隆见纪晓岚回到跟前，笑道：“纪卿何以未死呢?”纪晓岚答道：“我走到河边，正要往下跳时，屈原从水里向我走来。他说：‘纪晓岚，你此举大错矣！想当年楚王昏庸，我才不得不死。你在跳河之前应该先回去问问皇上是不是昏君，如果皇上不是昏君，你就不该投河而死；如果说皇上跟当年楚王一样昏庸，你再死也不迟啊!’”

乾隆听了这番话后，龙颜大悦，连声称赞道：“好一个如簧之舌，真不愧是雄辩之才，这下朕算是服了!”

纪晓岚机智应对，话语幽默，一语双关，既说明自己是个忠臣，又称赞乾隆是个英明的君主，使得他免于一死。如果他笨嘴拙舌，常常惹

火圣上，即便再有能力，恐怕也很难保身吧。

在现代社会，幽默口才虽然不至于决定一个人的生死，却能决定一个人事业的成败。就像那句话所说，“世界上到处是有才华的穷人”，同样，这个世界上也到处是有能力却郁郁不得志的人，为什么？因为他们口才欠佳，之所以失败，不是败在能力，而是败在口才上！

比如，有些人非常内敛，每逢当众讲话就心跳加速，汗流浃背，甚至说话语无伦次，失去了展示自我的机会；有些人因出言不慎或者锋芒太露而错过机会、损失金钱，人际关系紧张；还有一些人因讲话词不达意、思路不清、主题不明、条理不分而缺乏说服力，无法得到他人的帮助与支持。

可以说，现代社会更需要口才，更需要幽默口才！幽默口才会给你带来一次次惊喜、一份份意想不到的收获。

幽默是一门语言艺术

幽默口才是一门魅力无穷的语言艺术，它的魅力使许多人为之倾倒。

荀子说：“言语之美，穆穆皇皇。”意思是语言的魅力在于美好而正大。而美好正大的语言，必然是光彩照人的。幽默的目的是激活信息的输出，调剂人际关系，不是不顾场合的挖苦和嘲讽。幽默表现出一种诙谐，一种才华，一种智慧，使人们能置身于轻松有趣又能领悟哲理的环境当中。让我们领略一下著名节目主持人白岩松在与某高校学生对话中的冷幽默。

学生：“我看你有危机感，看起来冷冷的，这是为什么？”

白岩松：“我喜欢把每一天当作地球的末日来过。”

学生：“你什么时候才会笑?”

白岩松：“会不会笑不重要，重要的是懂幽默。”

学生：“如果有一天你的缺点多于优点，怎么办?”

白岩松：“没有缺点也没有优点的主持人，连评论的机会都没有，有缺点我觉得幸福，它可能是优点的一部分。”

学生：“我是学历史的，能当新闻节目的主持人吗?”

白岩松：“今天的新闻就是明天的历史。”

幽默口才让白岩松从容回答学生的尖锐问题。他告诉人们要“把每一天都当作世界末日来过”，只有细细咀嚼才能品出其中之味。每个人都有自己的缺点，为自己的缺点而幸福是一种自信。运用幽默的方式把缺点看成是优点的一部分，不仅不会自卑，还会鼓舞别人。“今天的新闻就是明天的历史”这句话很诙谐有趣，以误解的方式表达自己的言外之意——“条条大路通罗马，努力吧小伙子!”正话反说，正题反做。一个司空见惯的话题，从听众的逆向心理出发来表达，就起到了不同凡响的效果，达到了一个只可意会不可言传的深度。

人生的感趣可分为三种，即理趣、情趣、情理交错三趣。那么，幽默属于其中的哪一种呢?幽默实为一种情理交错之趣，是理性与感性相结而产生的。幽默口才作为一种艺术，是建立在知识与经验基础之上的，它也注定与笑声密切相融。笑是人类具备的一种特殊的本能。但任何一个人都不可能随时在笑，笑只是在一定条件作用下才会发生的，而幽默正是引发笑容的动力。但仅仅是能够逗大家一笑，那不算是真正的幽默，它还要使人们在笑过之后能够悟到某种哲理和得到某种启迪。

幽默口才具有惠己悦人的神奇功效，关键时刻，一句幽默的话，能消除危机、消解尴尬，展示一个人健全的人格和高尚的情操。

一次庆功宴会上，一位年轻的士兵在斟酒时，不慎将酒泼到前民主德国将军乌戴特的秃头上。士兵悚然，全场寂静，人们不禁为这个冒失的士兵

担心。没想到将军拍了拍士兵的肩膀，说：“老弟，你以为这种治疗能让头发再生吗?”全场顿时爆发出一阵笑声，尴尬紧张的气氛因此得以化解。

“良言一句三冬暖，恶语伤人六月寒。”一个不懂说话艺术的人，是很难搞好团结、协调好各种关系、开展好各项工作的。有的领导者，习惯摆一副高高在上的姿态，不善于顾及别人的感受，结果无形中拉开了与下属的距离，降低了职工工作的积极性。那些能换位思考、替下属着想、懂得说话艺术的领导，即使不倚仗权势，也能靠自身的人格魅力赢得下属的尊重和拥戴。

掌握幽默说话的艺术，做到说话有品位、有分量、有感染力，首要的是加强学习、提高修养。知识丰富了，修养提高了，认识问题、分析问题的能力和判断事物、表达思想的能力就会相应提高，说出的话才能有水准、切中要害，才能让别人入脑入心。还要勤于思考、善于总结。养成了勤于全面思考问题的习惯，说出话来才会思维缜密，才不会言语偏激，伤害对方的感情。最后还要学会“剪辑”，话出口前需经过大脑的过滤和剪辑，三思而后出口，这样说出的话才有分量。

幽默是一支神奇的“画笔”

语言是交际的必需工具，而幽默则是使语言熠熠生辉的“画笔”。通过幽默语言引人发笑，可以使人们在笑声中得到情感的释放，获取美的感受。

幽默口才，可以营造欢娱快乐的交际氛围，平添生活情趣。

法国巴黎的一家市场里有一位卖肉的商人，他的肉摊不大，可顾客却宁愿排长队，等着买他的肉。这是什么缘故呢？

原来这个卖肉的性格开朗，待人和气，语言诙谐幽默。卖肉时他嘴里总是说个不停。

“您好！年轻人，吃点什么？来点烤肉还是小牛肉？我看还是吃小牛肉好，又嫩又香，吃了小牛肉的男人会特别健壮。您说呢？”被他称为“年轻人”的先生是一位六十多岁的老人，一听他这样亲切地招呼，心里很高兴，似乎连脸上的皱纹都笑得平展开来。当然，就多买了些小牛肉。之后，卖肉的又对另外一个人说道：“您好！我心爱的。您今天气色特别好，五月到了，您去哪里休假啊？”被他称为“心爱的”是一位身体肥胖、稍有病容的老夫人。她唠唠叨叨起来，埋怨光阴似箭，自己觉得老了。但还是愿意别人叫她“心爱的”。肉摊主人又接着对她说：“只要心不老，嘴不老，生活永远美好。”

就这样，每个到他的肉摊买肉的人都能听到一些使自己快乐的话语。人们虽然排着长队，却个个心甘情愿。

北齐高祖读《文选》，对郭璞的《游仙诗》称赞不已。艺人石动筒站起来说：“这诗有什么了不起？要听我的，必定胜他一倍。”高祖很不高兴，说：“你是什么人，竟夸口说自己做诗能胜郭璞一倍，岂不该死？”石动筒说：“大家可以叫我做，如果不胜一倍，我甘心受死。”高祖即命石动筒做诗。

石动筒说：“郭璞《游仙诗》云：‘青溪千余仞，中有一道士。’我做这样两句：‘青溪二千仞，中有二道士。’这岂不胜他一倍？”高祖听罢，大笑不已。

石动筒利用“胜他一倍”的歧义，把“艺术性超过一倍”的意思偷换成“具体数字超过一倍”，从而取得了幽默诙谐的效果，博得高祖开怀大笑，使谈话的气氛活跃、生动起来。

美国大作家、幽默大师马克·吐温所写的作品幽默隽永，而他的人生也是如此。一次，他要去一个小城市办事，有人告诉他，目前正值仲夏，该地潮湿，蚊子很多且非常厉害，希望他有所准备。

到了那个小城后，当他在旅馆登记住宿时，两只蚊子嗡嗡叫着，就在马克·吐温面前盘旋，旅馆工作人员非常尴尬。马克·吐温却满不在乎地对工作人员说："贵地蚊子不知比传说中的聪明多少倍。它竟然会先仔细察看我的房间号码，以便夜间光顾我的住处，饱餐一顿。"大家听了都笑得前仰后合，缓解了现场僵硬的局面。

"我们的生活需要笑，懂得幽默、会笑的民族是健康、充满希望的民族。笑是生活中不可缺少的甘甜调料，没有笑声的生活是一种酷刑。没有笑，生活就不成其为生活。"其实，生活中处处充满令人发笑的事，或为矛盾百出，或为怪异乖戾，或为荒唐滑稽，或为巧智奇见，或为愚不可及，如此等等，可以说"整个世界，一大笑府，不话不成人，不笑不成话，不笑不话不成世界"。

1945 年，漫画家廖冰兄在重庆展出漫画《猫国春秋》。《人物杂志》的田海燕请郭沫若、宋云彬、王琦、廖冰兄吃饭。席间，郭老问廖冰兄："你的名字为什么这么古怪，自称为兄?"版画家王琦代为解释说："他妹名冰，故用此名。"郭老听后，笑着说："啊！这样我明白了，郁达夫的妻子一定名郁达，邵力子的父亲一定叫邵力。"说得大家都笑了起来。

郭沫若运用类推的方式，把郁达夫和邵力子的名字作出与廖冰兄名字相同的解释，于令人错愕中开了一个十分有趣的玩笑，使气氛更加轻松、活泼。

第二章

修炼幽默口才的N个快捷方式

幽默口才不是天生的，勤奋的对知识的积累学习和不懈的实践锻炼才是修炼口才的捷径。或许你能从中模仿些什么，或许你能从中领悟些什么，或许你能从中学到些什么，或许你能因此提高些什么……

含蓄简洁：一句幽默胜过滔滔不绝

含蓄简洁的幽默话语使人感觉春风拂面，让人思而得之，而且越揣摩，含义越深越多，因而也就越有吸引力和感染力。

在社会交往中，富于社交能力的人，就要有驾驭语言的功力，就要会自如地运用多种语言表达方式，不断探求各种各样的语言风格。有时要直言不讳，有时还非得含蓄委婉、简洁精练些不可，才能使其效果更佳。

美国有一位传奇式的篮球教练，叫佩迈尔。他带领的迪泡尔大学篮球队曾获得39次国内比赛的冠军，使球迷们为之倾倒。这其中有一年，他的球队蝉联29次冠军后，遭到一次空前的惨败。比赛一结束，记者们蜂拥而至，把他围个水泄不通，问他这位败军之将此时此刻有何感想，他微笑着，不无幽默地说了一句话："现在我们可以轻装上阵，全力以赴地去争夺冠军，背上再也没有冠军的包袱了。"

两度竞选总统均败在艾森豪威尔手下的史蒂文森从未失去过他幽默的一面。在他第一次荣获提名竞选总统时，他向记者承认自己的确受宠若惊，并打趣说："我想得意洋洋不会伤害任何人，也就是说，只要人不吸入这空气的话。"

在他竞选第一次败给艾森豪威尔的那天早晨，他以充满幽默的口吻，在门口欢迎记者进来："进来吧，来给烤面包验验尸。"几年后的一天，史蒂文森应邀在一次餐会上演讲。他在路上因为阅兵行列的经过而

耽搁了一会儿，到达会场时已迟到了。他歉意地解释说：“军队英雄老是挡我的路。”

史蒂文森用他的诙谐含蓄的语言赢得了人们对他的尊重，他虽然失败了，但在人们心中他俨然是个赢者。

社会交际中说话不仅要委婉含蓄，还要言简意赅。在一般情况下，没有必要滔滔不绝、长篇大论。例如人们会把冗长的演讲称为“马拉松式”的演讲，这种演讲往往空洞无物，不仅不能使听众受益，还浪费了自己以及别人的大量时间；即便是言之有物，你的滔滔不绝往往使听众抓不住演讲重点，并且感到烦闷。

美国著名幽默作家、演讲家马克·吐温生平最头疼冗长的演讲。有一次，他在教堂里听牧师演讲，开始几分钟，他还听得津津有味，感到演讲很有说服力。于是准备在募捐时将口袋里的钱悉数掏出。可是过了10分钟，牧师还没有讲完，他就改变了主意，决定给自己留下整元的钱，而只给牧师一些零钱。又过了10分钟，牧师还未讲完，于是他决定一分钱也不捐了。待牧师讲完，收款的盘子递到他面前时，马克·吐温非但没给钱，反而从盘子里拿出两元钱。

这篇趣闻对喜好长篇大论“马拉松式”说话者是绝好的揶揄和讽刺。所以，演讲要掌握技巧，在不宜多说的时候，要长话短说，而三言两语往往也能够收到很好的效果。

1988年5月，美苏两国领导人会谈。在欢迎仪式上，戈尔巴乔夫说：“总统先生，你很喜欢俄罗斯谚语，我想为你收集的谚语里再补充一条，这就是‘百闻不如一见’。”戈尔巴乔夫之意，当然是宣称他们在削减战略武器上有所行动了。

里根也不甘示弱，彬彬有礼地回敬道：“是足月分娩，不是匆忙催生。”里根简练的回答形象地表明了美国政府不急于和苏联达成削减战略武器等大宗交易的既定政策。

两国领导人经过紧张磋商，在某些问题上缩小了分歧，都表示要继续对话。戈尔巴乔夫担心美国言而无信，于是在讲话中用谚语提醒："言不信，行不果。"里根也送给戈尔巴乔夫一句谚语："三圣齐努力，森林就茂密。"

含蓄简洁的幽默口才是一种饱含智慧和情趣的素质，简短的几句话，甚至是几个字，就令人解颐、畅怀、回味和神往。生活中不能没有幽默口才，幽默口才是人生的智慧之花。

出乎意料：幽默应"话"而生

怎样说话才能让听者感到幽默风趣？关键之一是选对说话时机，语意在出其不意时突然转折，让听者"出乎意料"，会心一笑。

人们在听别人讲话的时候，都有一种不自觉的心理预测，说了上一句，他已经在预测你下一句要说什么。如果所讲的果然"不出所料"，他会感到平淡无奇，甚至索然无味；如果所讲的内容竟然"出乎意料"，并令他感到新鲜奇妙，幽默感便应"话"而生了。有一段小品，便是利用这种方式达到幽默效果的。

男：前途是光明的！

女：对，前途是光明的，道路……

男：道路是弯的！

一时间台下的观众都不禁咧嘴笑了。按照通常的说话习惯，"前途是光明的，道路是曲折的"是脍炙人口的名言，当男演员说了前半句，

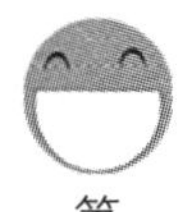

大家心里不约而同地把下半句预测出来了。但是男演员后半句竟让大家"出乎意料"，说成了"道路是弯的"，意思没变，可书面语"曲折"突然变成了口语的"弯"，还是让大家"出乎意料"。

在讲话时，要有意诱导听话人，在语意突然转向中生出妙语，使其在听话中"出乎意料"，从而取得幽默的效果。运用这种方法，常常是先表述一种事物的多种情况，或者多种事物的一种情况，使听者心理上形成一种明确的语意趋势，然后突然转向，亮出与先前趋势不同的奇妙的意思，使人因感觉意外而发笑。

甲：当学生的，胸前的衣兜里插着钢笔。

乙：学习用具，必不可少。

甲：衣兜里插一支钢笔的，是……

乙：是什么人？

甲：是中学生。

乙：插两支钢笔的呢？

甲：是大学生。

乙：插三支钢笔的呢？

甲：留学生！

乙：那么，插四支钢笔的呢？

甲：那……那是个修理钢笔的！

听众自然是哄堂大笑。这段幽默也是利用了听话人的心理预测。学生胸前衣兜里插着钢笔，插的钢笔越多，学问越多，学历越高，层层递增，听众心理已经形成了递增的趋势，当达到"插四支钢笔"时，突然出现逆转性的反差——"那是个修理钢笔的"，乍一听"出人意料"，再一想却合乎情理，幽默效果分外突出。

在美国，一次观看足球比赛的看台上，三个小伙子正好坐在三个修女的后面，由于修女的头上戴着高高的修女帽，挡住了他们的视线，小

伙子们很不高兴。其中一个说：“伙计们，这里戴高帽子的人实在太多了！我希望我住在俄亥俄州，那里只有25座教堂。”

另一个说：“噢，我希望我住在爱达荷州，那里只有20座教堂。”

最后一个说：“噢，我希望我住在俄勒冈州，那里只有15座教堂。”

刚说完，前面一位修女突然转过身说：“你们为什么不去地狱呢？那里一座教堂也没有哦！”三个小伙子有的耸肩，有的吐舌，暗暗地笑了。周围的人听了也乐开了。

上面的对话利用了语意递减中突然转向，形成了幽默。那几个小伙子所说的教堂数目，一个比一个少，这就在听者的心理上形成了一种递减的预测趋势。此时，听者心里自然会预测修女一定会说出一个比15座教堂更少的某个州。而修女做出的反驳性解释超出听者的心理预测——竟然举出一个少到连一个教堂也没有的地方！乍一听“出乎意料”，再一想，批驳得合情合理，于是大家都忍俊不禁了。

装傻充愣：出奇制胜的幽默法则

装傻充愣，即回答别人的问题时，利用语言的歧义性和模糊性，故意错解对方的话语，说东答西。这种说话方式一般都会产生特别的幽默感，出奇制胜。

在日常交往中，不少人常常为这样一种情境所苦恼：由于不善说话使交谈无法进行下去，或交际中处处受阻，或工作中得不到重用，或与在同事的交流中难以服众……想跳出这种苦恼的怪圈，就要来点幽默，

讲究说话艺术，让别人打心眼里佩服你。

有个故事是说第二次世界大战期间，希特勒到一个精神病院里视察。他询问大家对政府关怀的感受，本想听到赞誉之声的他听到的却是大多数病人不满的抱怨。

希特勒于是拉长了脸，厉声问他们是否知道他是谁，病人们纷纷摇头。于是希特勒大声吼叫起来："我是阿道夫·希特勒，你们的伟大领袖。我的丰功伟绩之大，可与上帝相比！"病人们丝毫不理睬他，并且露出了鄙视的微笑。有位病人拍拍希特勒的肩幽默地说道："是啊，是啊，我们开始得病的时候，也是像老兄你这个样子的。"

且不去考究这个故事的真实性如何，故事中病人出其不意的幽默讽刺，有力地打击了希特勒神经质般的不可一世的气焰，值得世人揣摩借鉴。

还可以通过对对象进行人为"歪曲"，做出"荒诞"的解释，以一种轻松、调侃的态度，将两个表面上看起来毫不沾边的东西联系起来，造成一种不和谐、不合情理、出人意料的效果，从而产生幽默感。

传说中国古代有一个叫"栗子"的人。有一天下着大雨，栗子的孙子在池塘里摸鱼虾，把自己弄得一身泥水，栗子很生气，便脱去孙子的外衣，拿起鞋用鞋底打他的屁股。家里人看着很心疼，苦苦哀求，可是谁也拦不住暴怒中的老头子。栗子的儿子在一旁灵机一动，突然跑到栗子旁边，把自己身上的外衣脱掉，跟自己的儿子也就是栗子的孙子一块儿跪在栗子面前，还拿鞋底打自己的屁股。栗子赶忙拉起儿子说："你这是干什么？"儿子哭着说："您惩罚我的儿子，我也惩罚您的儿子。"栗子哭笑不得，只得作罢。

其实这就叫装傻，有时候装傻就是以守为攻的一种最好的武器！

在待人处世中，有时不妨运用"秀才遇到兵，有理说不清"的策略，故意使用对方所无法理解的语言，同时也故意装作听不懂对方的语

言，让对方在与你沟通时产生挫败感，并激发对方的火气。故意装傻充愣，误解对方的意思，扭曲对方的意思，他说他的“阳关道”，你说你的“独木桥”，这样来往几个回合，在对方思维混乱时，你便可以寻找突破口，巧妙应答。

德国一位名叫贝仑哈特的年轻钢琴家为诗人席勒的诗《钟之歌》谱曲后，特地举行了一个演奏会，把大名鼎鼎的勃拉姆斯也请来了。

勃拉姆斯凝神地听着，有时还满意地点点头。演奏结束后，贝仑哈特问勃拉姆斯：“阁下是否很欣赏此曲？”勃拉姆斯笑着说：“《钟之歌》到底是首不朽的诗。”

问的是曲子如何，答的是诗很好。答非所问，似乎连起码的逻辑也不懂，很模糊的回答，但也很曲折地暗示，他所欣赏的是席勒的诗而不是贝仑哈特的曲。

真傻的人是简单的，装傻的人是复杂的。装傻充愣者大都历练颇深，有丰富的人生经验，他们把自己的睿智伪装起来，利用装傻充愣适时反击，取得特定条件下的幽默效果，并能不动声色地解决问题。这种方式看似简单，实则体现的是小智慧，甚至是大聪明。

巧作类比：幽默之花绽放在妙趣横生中

将有相似特点的事物连在一起，从而将它们共同的实质突出，然后机智幽默地揭示出来，将使谈话灵活生动，富于情趣。

我国春秋时期有一个叫鲁班的建筑工匠，在一次爬山中，他从手被

丝茅草划了一道口子中得到启示，发明了有小齿的锋利锯子，推动了建筑行业的巨大发展。

他的思维过程实际上是一个类比推理。对比是两种截然相反的事物之间的比较，侧重于求异；类比则是在性质类似的事物之间的联系和比较，侧重于求同。类比推理被誉为“科学出现的仙杖”。其实在言语交际中，它也大有用武之地。人类的语言系统极其复杂，又带有一定的模糊性，交际言语中运用类比会使其更加灵活，更容易达到预期目的。

作家刘绍棠一次到某大学讲演，对于学生们提出的各种问题他都给予坦率的解答。一位女学生递上一张纸条问道：“既然文学要真实地反映社会生活，那你为什么总唱赞歌，不唱悲歌呢？难道社会没有阴暗面吗？”

面对这一尖锐的问题，刘绍棠想了想，问那位女生：“你喜欢照相吗？”见女生直点头，刘绍棠反问道：“你脸上有光滑漂亮的时候，也有长疮疤不干净的时候，你为什么不在脸上生疮疤的时候去照相？”这一问，引得周围的人都情不自禁地笑了。

刘绍棠对于对方提出的颇有难度的问题，没有急于作答，而是提出一个对方感兴趣的问题，然后进行反问，把文学作品的表达与青年人的照相巧作类比，言简意明，风趣诙谐，把自己的观点寓于类比中，让人豁然开朗，终身不忘。

在日常生活中，对于有些人的提问，正面回答极易落入俗套，也不能满足提问者的口味，聪明者往往漫不经心地似答非答，然后引对方入“圈套”，巧作类比，占据主动，让对方折服。

一次记者招待会上，有一名新闻记者问萧伯纳：“请问乐观主义者和悲观主义者的区别何在？”这是一个范围很大且很抽象的问题。如果要从理论上做出一个准确的回答，恐怕得费好大劲儿也不一定能令对方满意。

萧伯纳脑子一转，说："假如这里有一瓶只剩下一半的酒，看到这瓶酒的人如果高喊：'太好了，还有一半！'这就是乐观主义者；如果悲叹：'糟糕，只剩下一半了。'那就是悲观主义者。"在这里，萧伯纳巧妙地使用"以偏概全"的方法，选择了一个生动的事例，化大为小，回答得轻松自如，不仅颇有幽默感，而且令人回味无穷。

2007年9月，前全国政协主席李瑞环在香港会展中心会见香港各界知名人士时，各路记者蜂拥而至，纷纷占据有利地形，不愿坐失这一采访提问的良机。会见开始，李瑞环面对各界人士侃侃而谈。他引古论今，话语真切，全场不时响起热烈掌声。讲话结束了，许多人意犹未尽，仍在回味着李瑞环讲话中有关"团结，稳定，发展，繁荣"的精辟论述。

兴奋的记者再也按捺不住，不断要求采访李瑞环主席。李瑞环主席走到记者席前，马上就被急于提问的记者们团团围住，一时间各种提问此起彼伏。一名女记者抢着问道："您在讲话中强调了团结的重要，这是不是指香港人不够团结？"刁钻问题是从反面提出来的，顿时全场静下来，目光一并汇到李瑞环身上。李瑞环笑了，反过来问这个记者："如果我祝你身体健康，是不是指你身体不健康呢？"继而他又转向其他在场的记者："可不可以这样理解呀？"偌大的场地上笑声四起，有的记者禁不住鼓起掌来。

李瑞环主席巧用类比，回答委婉而机智，使刁钻的记者一时语塞。其关键在于抓住了对方问话的逻辑"空当"，巧妙娴熟地运用了类比法。女记者认为强调团结的重要就意味着香港人不够团结，显然是不合逻辑的，因为强调团结的重要和团结与否的现状之间不存在直线式的、单一的必然联系，如同祝愿身体健康并不意味着你身体不健康一样，强调团结的重要并不意味着不够团结。

大智若愚：厚积薄发显智慧

憨傻可以使人自找台阶，化解尴尬局面；可以故作不知达成幽默，反唇相讥；可以假痴不癫迷惑对手，厚积薄发中透出过人的智慧。

大智若愚意思是拥有大智慧的人往往都表现得很愚钝。它实际上包含着一种韬光养晦的世故，是一种含而不露的大智慧，以自己的退让赢取回击的时机。

当人处在某种险恶的形势下，而又对这种形势无可奈何时，“糊涂”的智慧，可以起到一种应付时局、摆脱困厄的作用。人际交往中，要充分利用这种机器，傻得可爱，“疯”得恰到好处，发挥大智若愚的幽默力量取得交际的成功。

某小镇上有一个小男孩，他是一个文静而怕羞的孩子，人们却把他看成一个傻瓜，喜欢捉弄他。他们经常把一枚5分和一枚1角的硬币扔在他面前，叫他随便捡一个，小男孩总捡那个5分硬币，于是人们哄然大笑，纷纷嘲笑他。

一位好心人问他：“难道你不知道1角要比5分值钱吗？”小男孩悄悄地说：“当然知道。不过，如果我捡了那个1角硬币，他们就再也没兴趣扔钱给我了。”这就是大智若愚的真实写照。

在与人谈判时，可以装作没有听到或没有听清楚对方的话，或者装作没弄懂对方的意思，以巧避锋芒，避免尴尬。通过装傻来打击、转移对方

的谈判兴致，使之无法继续设置窘迫局面，从而化干戈为玉帛，并能够寓反击于无形，不战而屈人之兵。这种方式往往被一些谈判高手使用。

1959 年，美国总统尼克松访问苏联。在此之前，美国国会通过了一项关于被奴役国家的决议。赫鲁晓夫在与尼克松的会谈中激烈地抨击了这个决议，并且怒容满面地嚷道：“这项决议很臭，臭得像马刚拉的屎，没有什么东西比这玩意更臭的了！”

尼克松曾认真地看过赫鲁晓夫的背景材料，得知他年轻时曾当过猪倌（养猪人），于是他盯着赫鲁晓夫说：“恐怕主席说错了。还有一样东西比马屎更臭，那就是猪粪。”

在比较正式的谈判场合，作为国家元首，赫鲁晓夫肆无忌惮，出言不逊，有失体面，他明显是想为尼克松设置窘迫局面。好在尼克松幽默诙谐，暗藏机锋，装作没弄懂对方的意思，实际上却进行了巧妙的还击，打击了对方的气焰，化被动为主动。同时，也避免了谈判成为市井中的吵架撒泼。

没有人希望自己愚蠢呆笨，但是愚和智从来都是相对存在的，二者可以相互转化，其中的分寸把握充分体现着人生的智慧。

深受美国人民爱戴的老罗斯福总统有许多生理缺陷：牙齿参差不齐，讲话时声音含糊不清……老罗斯福并未因此而气馁，针对自己的缺陷一一加以改正，如果实在不能改变，就巧妙地加以利用。他在演说中巧妙地利用自己沙哑的声音和暴露在外的牙齿，还利用自己那打桩工人的姿势，使演说获得了成功。

大智若愚的表现是不处处显示自己的聪明，做人低调，从来不向人夸耀自己、抬高自己，做人的原则是厚积薄发宁静致远，注重自身修为、层次和素质的提高，对于很多事情持大度开放的态度，有着海纳百川的境界和强者求己的心态。就像玉坯不断积累一样，多年的积累所铸就的往往是绝代珍品。

因势利导：以退为进更能达到目的

因势利导就是接过别人的话，利用幽默风趣的言语，顺着事情好的发展趋势进行引导和推动。

每个人在社会交往中都应具备随机应变的能力，遇事要反应快，思维敏捷。中国人常说一句话："见什么人说什么话，到什么山唱什么歌。"人有千姿百态，社会环境千变万化，在交往中要注意因人而异，因地制宜，因场合和环境的氛围而善辩，引导事物向期望的好的方向发展。

楚昭王出征，败给吴国。在退兵路上掉了一只鞋，已走出几步的他又回去捡起来。有士兵问："大王为何连只旧鞋也舍不得丢掉？"昭王说："它和我一起出征，我不忍心将它抛弃。"这件事很快传遍全军。此后，楚军在征战中，士兵再没有互相抛弃的。

昭王一个捡鞋行为为何影响如此之大？实际上昭王是利用不忍抛弃旧鞋来启发士兵，大家并肩作战，要互不抛弃。这种方式会比直白的教育更加有效。

萧伯纳的剧本《武器与人》首次公演获得巨大成功。观众要求萧伯纳上台接受群众的祝贺。可是当萧伯纳走上舞台，准备向观众致意时，突然有一个人对他大声喊叫："萧伯纳，你的剧本糟透了，谁要看？收回去，停演吧！"

观众以为萧伯纳一定会气得发抖，谁知萧伯纳不但不生气，反而笑容满面地向那个人深深地鞠了一躬，彬彬有礼地说："我的朋友，你说得很好，我完全同意你的意见。"说着，他转向台下观众说："但遗憾的是，我们两个人反对这么多观众有什么用呢？我们能禁止这剧本演出吗？"两句话引起台下一片笑声，紧接着是观众给萧伯纳的暴风骤雨般的掌声。那个挑衅者灰溜溜地逃出了剧场。

面对挑衅者的污蔑，萧伯纳若一味退让，有失面子，如与之争辩自己的剧本如何完美，非但无济于事，反而会在观众心中留下孤芳自赏、自命不凡的负面印象。萧伯纳此时充分展示了他的应变才能，巧用因势利导之法，凭借观众对他的信任与支持，给予他的掌声和喝彩，把挑衅者推向群众的对立面，使其孤立无援，狼狈而逃。

生活中如果充分利用语言技巧，即使是一些棘手的问题，处理起来也会得心应手。若只会巷里赶猪——直来直去，那将既不能解决问题，又可能招惹麻烦。在这种情况下，用幽默诙谐的语言"曲线进攻"、因势利导，便是极好的方法。

传说古时候有个官员叫彭玉泉。一天，他经过一条偏僻的小巷。一个女子正用竹竿晒衣，一失手竹竿掉在彭玉泉的头上，彭玉泉顿时大怒。这女子一看是官员彭玉泉，吓得魂不附体。但她反应很快，马上镇定片刻，正色道："你这副凶相，活像行伍出身之人，所以蛮横无理。你可知道官员彭玉泉，清廉正直，要是我告诉他老人家，怕要砍了你的脑袋！"彭玉泉一听这女子夸奖自己，马上转怒为喜，心平气和地走了。

这位晒衣女子不慎冒犯官员彭玉泉，待彭玉泉正欲发火之时，她没被吓倒，而是极有心计地采取以退为进的策略，从容地周旋，看似赞美心中的官员，实则指责彭玉泉的狭小度量，既达到了目的，又温柔有力地平息了彭玉泉的心头之火，让他转怒为喜，带着微笑满意地离开。

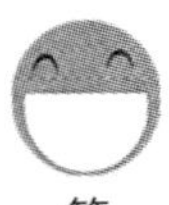

通俗易懂：用形象生动的话"幽"上一"默"

一语天然万古新，豪华去尽见真情。遣词造句，务求朴素明朗，言谈用语，杜绝矫揉造作，这应当成为每一个幽默说话者不可移易的信条。

所谓通俗易懂，就是说话要大众化，善于把一些较深的道理深入浅出地讲给别人听。所谓言随旨遣，是指语言表述形式要服从于内容和目的。说话人遵循言随旨遣的原则，即要求始终瞄准目标，密切注意信息的输出和反馈，控制好自己的话语表达，防止目标中途偏移。

在说话艺术中，幽默是运用意味深长的语言再现现实生活中喜剧性的特征和现象来传递某种特殊信息的一种表达技巧。生活中懂得风趣幽默的人，往往三言两语就妙趣横生，不仅使人忍俊不禁，而且能使人领悟到其中蕴涵的智慧和哲理。

毛主席善于寓庄于谐，寓教于乐。他撰文讲话，注重据实讲理，但又不乏风趣幽默。他常用生动的语言、贴切的比喻，把复杂深奥的问题讲得简明通俗，使人心领神会；他用风趣幽默的谈吐方式启发教育对方，活跃气氛，甚至进行警告、批评，都能收到极佳的效果。那具有特殊吸引力的风度和谈吐，使他的影响超出了国界，赢得了世界各国人民和政治家的尊敬。

毛主席在陕北时，有一天夜间进入田次湾，住在一个老大娘家里。大娘见毛主席与十几个同志挤在一座窑里睡，心里不安，一再说："这

窑洞太小了，地方太小了，对不住首长了。”毛主席听了这话，依着老大娘说话的节律喃喃道：“我们队伍太多了，人马太多，我对不住大嫂了。”老大娘等人听罢都哈哈大笑起来。毛主席摒弃客套的大道理，而是用通俗易懂的诙谐话语打消了大娘的顾虑，表达了自己的歉意。

幽默的话语，往往有助于人们在轻松的氛围里理性认识世界。讥讽的幽默，是通过对丑的否定间接地肯定美；肯定的幽默，是用愉快、欢悦的感情来肯定美。使用幽默的语言，会产生一种神奇的效果，使僵局冰释，使一个窘迫难堪的场面在笑语中消逝。幽默更要讲究通俗易懂，言之有物。

有一次，孙中山在广东大学讲民族主义。礼堂非常小，听众很多，天气闷热，很多人都没精打采。孙中山便穿插了一个小故事：“我在香港读书时，看见许多苦力聚在一起谈话，听的人哈哈大笑。我觉得奇怪，便走上前去。有一个苦力说：‘后生哥，读书好了，知道我们的事对你没有什么帮助。’又一个告诉我：‘我们当中一个行家，牢牢记住那马票上面的号码，把它藏在日常用来挑东西的竹杠里。等到开奖，竟真的中了头奖，他欢喜万分，以为领奖后可以买洋房、做生意，这一生再也不用这根挑东西的杠子过生活了，一激动就把竹杠狠狠地扔到大海里。’不消说，连那张马票也一起丢了。因为钱没有到手先丢了竹杠，结果是空欢喜一场。”

孙中山风趣的话，引来台下一片笑声。孙中山接着回到主题：“对于我们大多数人，民族主义就是这根竹杠，千万不能丢啊！”孙中山先生这个充满幽默感的故事不仅让昏昏欲睡的人们清醒过来，也使得自己的演讲取得了良好的效果。

语言要富有幽默感，必须言之有物，使其形象生动。以实求幽默，幽默有；以虚求幽默，幽默无。语言真实形象生动，能促人联想，产生“具象”，让人感觉余味无穷。

妙用夸张：在幽默的笑声中传达想法

夸张式幽默是将事实进行无限制的夸张，造成一种极不协调的喜剧效果。

夸张，是为达到某种表达需要，对事物的形象、特征、作用、程度等方面着意扩大或缩小的修辞方式。夸张不同于吹牛，吹牛只是简单地吹嘘自己的能力，而夸张则要故意扩大或缩小客观事物，但却使人仍感到真实而合理，达到幽默的效果。

一个房地产经纪人领着一对夫妇向一栋新楼房走去，一路上他为了推销房子，一直喋喋不休地夸耀这栋房子和这个居民区。

“这是一片多么美好的地方啊，阳光明媚，空气洁净，鲜花和绿草遍地都是，这儿的居民从来不知道什么是疾病与死亡。”就在这时，他们看见一户人家正在忙碌地搬家。这个经纪人马上说：“你们看，这个可怜的人……他是这儿的医生，竟因为很久一段时间都无病人光顾，而不得不迁往别处开业谋生了！”

央视春晚，赵本山与宋丹丹、崔永元合作的小品《说事儿》中有这么一段。

宋丹丹饰演的白云：“你说就他吧，就好给人出去唱歌，你说就这嗓子能唱吗？那天呢，就上俺们那儿敬老院给人唱歌，总共底下坐着7个老头，他‘啊’地一嗓子喊出来，昏了6个。”

小崔："那不还有一个嘛。"

白云："还有一个是院长，拉着我的手就不松开，那家伙可劲地摇啊：'大姐啊，大哥这一嗓子太突然了，受不了哇，快让大哥回家吧，人家唱歌要钱，他唱歌要命啊！'"

本山大叔唱歌再吓人，至于7个大爷昏倒6个吗？这里分明是用夸张的语调告诉小崔，本山大叔不擅长唱歌。

与人交流时，用夸张的说话方式巧妙暗示，容易产生特殊的幽默效果，既不伤和气，又表达出自己的看法和意图。并且夸张制造出来的幽默，往往带有讽刺意味。

一群人围在广场上，中间躺着一个小男孩，蜷缩在地上，痛苦地呻吟着，原来他吞了一枚10英镑的金币到肚里。围观的人眼看孩子痛得不行了，都急得不知如何处置。这时，从人群中走出一位先生，他走到小孩身边，抓住小孩的腿，把他倒提起来，猛力地摇晃了几下，忽然听到"呼"的一声，那枚金币从小孩子的嘴里喷了出来，围观的人舒了一口气。一位旁观者问那位先生："你是医生吗？""不！"那人回答，"我在税务局工作，叫花子见到我都逃。"

马克·吐温有一次坐火车到一所大学讲课。因为离讲课的时间已经不多，他十分着急，可是火车却开得很慢，于是他想出了一个发泄怨气的办法。当列车员过来查票时，马克·吐温递给他一张儿童票。这位列车员也挺幽默，故意仔细打量，说："真有意思，看不出您还是个孩子哩！"马克·吐温说："我现在已经不是孩子了，但我买火车票时还是孩子，火车开得实在太慢了。"

火车开得很慢确是事实，但也不至于慢到让一个人从小孩长成大人。马克·吐温想表达的是车速太慢，但他没有直接向乘务员抱怨自己的不满，而是巧妙地将火车的缓慢程度进行了无限制的夸张，令人捧腹大笑，在相对轻松的氛围里表达了他的抗议。

一个初学写作的青年，给马克·吐温写了封信说，听说鱼骨里含有大量磷质，而磷质能补脑子，那么要想成为一个作家，就一定得吃很多的鱼了。他问马克·吐温："你是否吃了很多的鱼，吃的又是哪种鱼呢?"马克·吐温在回信中告诉他："看来，你要吃一对鲸鱼才行。"鲸鱼可以说是最大的"鱼"，这里的夸张已经达到了极限，甚至荒谬的程度，却收到了良好的幽默效果。

夸张幽默这种方式也经常被名人政客运用，以凸显自己的政治立场、观点，甚至针砭时弊，惩恶扬善。

里根竞选加州州长时，针对当时加州的经济情况，对物价上涨加以猛烈抨击，他说："夫人们，你们都知道，最近当你们站在超级市场卖芦笋的柜台前，你们就会感到吃钞票比吃芦笋还便宜些。"还有一次，他说："你们还记得当初你们曾经认为没有什么东西可以代替美元吗?而今天美元却真的几乎代替不了什么东西了!"

诙谐暗讽：带泪的微笑

幽默是唤起会意微笑的"鬼脸"，讽刺是击伤对方灵魂的利器，若将两者巧妙结合，幽默话语中寄寓辛辣深刻的讽刺，犹如含泪的微笑，发人深思。

幽默的讽刺，是将某种讥讽以曲折、含蓄的方式表达出来，使人领悟到其中深层次的含义。以这种方式代替直叙的表达方法，易被人接受，引人思考。

有一个单位组织退休老干部乘大客车外出旅游，上车时大家你谦我让，耽误了不少时间。开车后，一位老同志朗声打趣道："我给大家讲个故事助兴：有一位妇女，怀孕 10 年才生下一对双胞胎。问这对双胞胎为何迟迟不肯面世，他们说，根据礼节，年长位尊者应该先行，但他们两个不知谁是兄长，就这样互相推让了 10 年，把妈妈生孩子的事给耽搁了。"这番话引得车上的老干部们面面相觑，继而哄堂大笑。在后来的旅程中，大家不再刻意退让，大大缩短了登车时间。

幽默之中饱含讽刺，奇思妙想俯拾皆是，让人听后回味无穷。

1967 年 6 月，台北某学院举行毕业典礼，特别邀请林语堂先生参加，并请他即席演讲。安排在他前面的几位颇有身份的演讲者，似乎为了炫耀和卖弄自己的口才，演讲冗长乏味。轮到林语堂发言，他快步走到讲台，说道："绅士的演说应该像女人穿的迷你裙，越短越好。"说完就退下讲台。

此话一出口，大家先是一愣，几秒钟后，会场上"哗"地响起了哄笑声，而刚才还在台上口若悬河演讲的几位此刻却是面红耳赤如坐针毡。

林语堂先生不愧是语言大师，他的演讲非常精辟，巧用比喻，选择通俗而形象的喻体来说明自己的观点，婉转地批评了冗长的演讲习气。有人认为林语堂的比喻有伤大雅，实际上这正是林语堂先生诙谐、幽默的高明之处。信手拈来的一个比喻，语出惊人，夸张而又形象，更易给莘莘学子留下深刻的印象。

在有些场合，相同意思的话用幽默的语言来表达，效果迥异。诙谐暗讽中声东击西，有时言在此而意在彼，更能巧妙传达自己的想法，说服他人。

传说汉武帝晚年很希望自己长生不老。一天，他对待臣说："相书上说，一个人鼻子下面'人中'越长，寿命就越长；'人中'长一寸，

能活一百岁，不知是真是假？”

东方朔听了这话，知道汉武帝又在做长生不老之梦了。汉武帝见东方朔脸色微变，似有讽刺之意，便喝道：“你怎么敢笑话我？”

东方朔脱下帽子，恭恭敬敬地回答：“我怎么敢笑话皇上呢，我是在笑彭祖的脸太难看了。”汉武帝问：“你为什么笑彭祖呢？”

东方朔说：“据说彭祖活了八百岁，如果真像皇上说的，‘人中’就有八寸长，那么，他的脸不是有丈把长吗？”汉武帝听了，也哈哈大笑起来。

在这个故事中，东方朔以幽默的语言，用笑彭祖的办法讽刺汉武帝的荒唐。东方朔的批驳机智含蓄、风趣诙谐，令正在发怒的皇帝也不禁要哈哈大笑起来，并且很愉快地认输。

有一对夫妻，妻子特别喜欢唱歌，但水平特别差，有时扰得丈夫无法休息，丈夫多次劝说也无济于事。有一天晚上，妻子又自得其乐地唱起了难听的歌，丈夫急忙跑到大门口站着，妻子不解地问道：“我每次唱歌时，你干吗总是跑出去站在门口呢？”丈夫一字一顿地说：“我这样做是为了让邻居知道，我并没有打你。”

这位丈夫的回话采用的是一种声东击西的说话艺术。妻子乍一听，毫不介意，可继而回味，却哭笑不得。这一回话言在说妻子发出的声音不是丈夫打所致，意在讽刺妻子唱得难听，好似被打得惨叫一般。多么幽默，实在有过耳不忘、绕梁三日之效。

精妙修辞：增强幽默语言的生动性和形象性

修辞方法是制造幽默的“酵母”，能收到语言风趣、语意深刻、引人发笑、振聋发聩的表达效应。

语言中的修辞手法除了能使深奥的语言变得浅显、枯燥的语言变得生动外，往往还有“画外之音、言外之意”，所以人们常常用此法来制造幽默。

很多人在与人讲道理时，往往是不经意触动了对方的自尊和利益，从而火上又浇油。倘若我们能另辟蹊径，改变说话的方式，使用修辞手法来点精妙的幽默，那么其说话效果完全不一样。

南唐时，课税繁重，民不聊生。恰逢京师大旱，烈祖问群臣：“外地都下了雨，为什么京城不下？”大臣申渐高说：“因为雨怕抽税，所以不敢入京城。”烈祖听后大笑，并决定减轻赋税。申渐高巧借话题，把“雨”拟人化，从而委婉地道出了“税收繁重，令人生畏”的意思，机智地讽谏烈祖减税，并取得了预期的效果。

引用是一种修辞格，在特定的环境下引用别人的话语或成语、谚语、格言，可以达到幽默的效果。每一句话都有它产生的场合和特定的思想和内容，虽然是同样的语言，场合变了，思想和内容也会跟着起变化，就会产生幽默。

在美国一所学校里，一位女教师总爱板着面孔上课，动不动就批评

学生的顽劣，弄得学生怨声载道。一次她在课堂上提问：“‘不自由，毋宁死’。这句话是谁说的，知道的人请举手。”过了一会儿，有人用不熟练的英语答道：“亨利。”“对，同学们，刚才回答的是日本留学生，你们生长在美国却回答不出，而来自遥远的日本的学生都能回答，多么可怜哟!”“把日本人灭掉!”教室里传来一声怪叫。女教师气得满脸通红，大声问：“谁? 这是谁说的?”沉默了一会儿，教室一角有人答道：“1945 年，杜鲁门总统说的。”1945 年杜鲁门总统的宣言的确说过类似的话，而那位学生引用得那么“贴切”，含蓄地表达了自己对老师教学态度的不满，产生了幽默讽刺的效果。

修辞作为幽默语言中的调味品，目的在于运用的艺术提高幽默的表达效果。但也要注意用得得体，不同的言语交际对象，言语修辞就必须有所区别。中国人常把喜鹊作为吉庆鸟，把乌鸦、狗看作不吉利、坏东西的象征。而在南斯拉夫则把喜鹊同“饶舌人”联系起来，缅甸则把乌鸦视为“神鸟”，西方国家把狗看作“最忠实的朋友”。

修辞用得恰到好处，则语言准确简练，一语千钧、增添力度；用得多了滥了，就会令人生厌，流于肤浅和滑稽。要把适应交际题旨、适应具体情境作为交际原则，灵活运用语言，以求达到交际目的和生动活泼的表达效果。

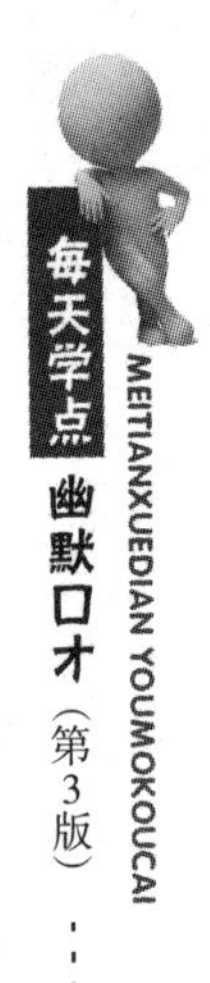

设置悬念：用逆转的结局引人入胜

幽默说话巧妙地给听众设置悬念，在叙述某件趣事的时候，不要急于显示结果，要以独具特色的语气和带有戏剧性的情节显示幽默的力量。

古人说："文人看山喜不平。"人们对会说话的人评价多是："看，他多幽默。""看，他一开口就妙语连篇，和他说话总让人有意想不到的发现。"这就是设置悬念表现出来的效果。

在交谈的叙事议论中，如果能够恰到好处地结下一个个"扣子"——悬念，在最关键的一句话说出之前沉住气，会使听者在回旋推进的言论中产生"山重水复疑无路，柳暗花明又一村"的感觉，因而兴味无穷，一步步达到说话者的目的。

有一天下课，一位女同学突然走到老师面前说："我不喜欢听你讲课！"老师惊讶地说："为什么啊？讲得不生动吗？内容不深刻吗？语言啰嗦吗？"女同学回答："都不是！因为你的眼睛瞪得大大的，我不好在下面看小说。"

学生们听罢，先是吃了一惊，而后大笑起来。说这话的同学主观上并不是要否定这堂课，相反是要肯定这堂课：老师要求严格，学生上课认真。这个故事一开始便给人设置了一个大大的悬念，将听众引入歧途，这悬念往往为造成反常的结果做铺垫。幽默者运用反向思维的方法将包袱抖出，既解答了悬念，也将自己的本来意思表达得淋漓尽致。这

比直白地说“老师你的课太棒了太酷了”的效果更智慧、艺术。

设置悬念要巧妙，要顺理成章，做好铺垫，引人入胜，最后一语道破玄机，否则就有故弄玄虚之感。巧设悬念就好像相声里的“设包袱”，用跌宕起伏的情节深深吸引住他人，最后再“抖包袱”，起到画龙点睛的作用，让人感觉到强烈的幽默效果，从而达到自己的目的。

悬念设的好，设的妙，除了知识要渊博外，更重要的是思想要深邃旷达。博识给“悬念”提供了丰富的“语料”，而睿思则保证了其质是钻石而不是瓦砾，是珍珠而不是鱼目。它雅而不俗，艳而不妖。一个善于吊人胃口的人，无论走到哪里都会受人欢迎的，令人在舒心的笑声中，感受到高品位精神文化的滋润，在愉悦中认同并接受你的意见。

李明最近工作非常繁忙，已经好多天没有和妻子坐在一起吃团圆饭了。一天晚上李明加班到9点多，工作了一天很累并有点烦。回到家中发现妻子还没有睡，在等他。“李明，我可以问你一个问题吗?”

“什么问题?”“你一小时可以赚多少钱?”“在这等我不去睡，就是为了这个问题吗?无聊。”李明生气地说。“我只是想知道，请告诉我，你一小时赚多少钱?”妻子几乎用哀求的口气问他。“你一定要知道的话，我一小时赚30元。”

“哦，”妻子低下了头，接着又说，“李明，可以借我10个一元的硬币吗?”李明发怒了:“开什么玩笑，去睡觉吧。我很累，没时间和你闹着玩。”

妻子安静地回到卧室并关上门。过了一会儿，李明感觉自己是不是对妻子太凶了——或许妻子真的需要10个硬币。

李明走进卧室:“你睡了吗?”“还没，我还醒着。”妻子回答。“我刚刚可能对你太凶了，”李明说，“这是你要的10元钱，现在我没有硬币，明天你去换吧。”妻子开心地接过10元钱，然后从床头拿出存钱罐，倒出硬币一个一个地数着。

“你要这么多一元硬币干什么？”李明问。“这些钱都是从你开始做这个项目时存的，因为我知道你这次的任务很重，并且时间很紧，肯定会给你带来不少的压力，我一天存一个，一天一个愿望，希望你每天都能开开心心的，要这10元钱，我还有一个小小的请求。”李明被妻子的举动给逗笑了：“什么事啊？”“我可以用这30元钱向你买一个小时的时间吗？明天项目就完成了，我想和你一起到外面吃晚餐。”李明哈哈大笑：“就这啊，我还以为是什么大事呢，没问题，明天我提前下班，咱们好好吃顿饭。”

这虽是一个小小的请求，却让这位妻子说得惟妙惟肖，风趣幽默。如果这位妻子在丈夫又累又烦的情况下说：“明天你的项目就完成了，能不能和我一起到外面吃晚餐？”从当时的情况来看，李明不一定会答应妻子的要求。可在妻子的一番巧言妙语中，不仅让丈夫答应了要求，也让丈夫把烦恼抛之脑后，房间里充满了欢声笑语。

设置悬念也是需要技巧的，假如你迫不及待地把结果讲出来，或是通过表情与动作的变化显示出来，那就像煮饺子都煮破了一样，幽默便失去了效力，只能让人扫兴。不过凡事都要有个度，设置悬念也不例外。在适当的时候运用，一句机智的妙语会胜过一摞劣书。英国思想家迪斯累利说过：“贤者的睿智与年岁的经验，将因引用而千古常存。”

一个好口才的人，定是一个风趣幽默的人，一个风趣幽默的人，想要得到更多人的帮助，在社交中如鱼得水，多多使用“设置悬念”这种幽默方式吧！

望文生义：为语言插上幽默的翅膀

望文生义，一要“望文”，即故作刻板地就字释义；二要“生义”，要使“望文”所生之“义”变化得与这个“文”通常的意义大相径庭，还要把“望文”而生的“义”引向与原义风马牛不相及的另一个内容上。

人类的语言博大精深，劳动人民在长期的生产劳动中创造出的丰富语言，不仅便利了人们的交际，具有使用价值，而且具有审美价值，散发着永久的艺术魅力。语言表意的准确性、丰富性、形象性，具有其他任何事物无法比拟的优势。

“望文生义”在本质上与曲解经典是一致的，即只按字面意思去牵强附会，不探求其确切的含义，得到与原解释截然不同的结果，会使说话十分诙谐，充满幽默感。望文生义法充分利用了人类语言的丰富含义，在强烈的不协调中形成幽默感，是一种巧妙的幽默技巧。

有一个聪明的小伙子，用一连串成语为自己的婚礼增添了许多欢乐。小伙子姓张，新娘姓顾，他借两个人的姓，做了一次堪称经典的恋爱过程介绍：“我是新郎，我姓张，我的新娘子姓顾，我们在还没有认识时，我是东‘张’西望，她是‘顾’影自怜。我们认识之后，我‘张’口结舌去找她，她说她已经心有所属，我于是‘张’惶失措，劝她改弦更‘张’。在我的再三请求下，她终于‘顾’此失彼，我大

‘张’旗鼓地追求她，她左‘顾’右盼地等着我。时间久了，我便明目‘张’胆，她无所‘顾’忌。于是我便请示她择吉开‘张’，她也欣然惠‘顾’。”小伙子的调侃令大家喜笑颜开，满堂生辉，使整个婚礼弥漫在其乐融融的气氛中。

这种方法除了用于自我调侃之外，还可以在讽喻他人时使用。有些场合不便直接指出对手的错误，就可以将计就计，利用字的谐音来制造“醉翁之意不在酒”的效果，既不会伤害对方的自尊，又能显示自己幽默的魅力。

传说李鸿章有一个远房亲戚，胸无点墨却热衷科举，一心想借李鸿章的关系捞个一官半职。他在考场上打开试卷，竟无法下笔。眼看要交卷了，便“灵机一动”，在试卷上写下“我乃李鸿章中堂大人的亲妻(戚)”，指望能获主考官录取。

主考官批阅这份考卷时，发现他竟将“戚”错写成“妻”，不禁拈须微笑，提笔在卷上批道：“所以我不敢娶你。”“娶”与“取”同音，主考官针对他的错字，来了个双关的“错批”，既有很强的讽刺意味，又极富情趣。

谐音是幽默语言技巧中常用的一种方式，即利用词语的同音或近音条件构成双重意义，使字面含义和实际含义产生不谐调交叉。谐音双关以语音为纽带，将两个毫不相干的词义联系在一起，表达出或讽刺或嘲弄的幽默效果，使观赏者感觉酣畅淋漓。

有一位基层工人在公司员工大会上讲了一则寓言：

猴子死了去见阎王，要求下辈子做人。阎王说，你既要做人，就得把全身的毛拔掉。说完就叫小鬼来拔毛。谁知只拔了一根毛，这猴子就哇哇叫痛。阎王笑着说：“你一毛不拔，怎么做人?”

员工的这则寓言表面上是在讲猴子的事情，实际却很幽默地暗指公司领导吝啬，“一毛不拔，不配做人”，讽刺性很强，却也幽默诙谐。

辛亥革命，皇帝被赶下了台，改呼“皇帝万岁”为“民国万岁”，以为从此天下太平，而事实却是军阀混战，贪官横行，民不聊生。撰联大师刘师亮编出“民国万税，天下太贫”的对联。此联的讽刺效果可谓入木三分。确实，民国不能“万岁”，但却有“万税”；天下不太平，只有“太贫”。

望文生义需要一个前提条件，即你所曲解的意思要让别人心领神会。对方至少要熟悉你所歪曲的经典的原意，同时对方能够明白你是故意歪曲的。如果他达不到这种水平，把你的故意歪曲当作无意的错误，再来纠正你，那就必然导致幽默感的丧失。

清朝的纪晓岚和和珅当时分别担任侍郎和尚书职务，有一次两人同席，和珅见一狗在桌下啃骨头，便问纪晓岚：“是狼（侍郎）是狗?”纪晓岚马上回答：“垂尾是狼，上竖（尚书）是狗。”两人都在骂人，但都含而不露，谑而有度。特别是纪晓岚，急中斗智，巧用谐音，以眼还眼，令人称快。

苏东坡与友人承天寺的和尚参寥泛舟赤壁，见一狗在河滩上啃骨头，马上灵机一动，说：“狗啃河上（和尚）骨。”参寥一听，觉得话中有话，马上回敬一句：“水流东坡诗（尸）。”两人听罢都哈哈大笑。

仿拟移植：幽默赖以产生的“肥沃的土地”

仿拟移植法就是把原有的语言和情境移植新意，与原意形成对照，从而产生不协调之趣，带来幽默效果。

仿拟，原为修辞格之一，即为使语言诙谐讽刺而故意仿照一种既成

的语言形式。在幽默口才中，常常使用此法来制造幽默。

某报曾刊登过这样一篇寓言。饥猫与饿虎相遇。猫问虎："我因吃不到东西而饥饿，你精神不振，难道也吃不到东西吗?"虎答："我一直以人为食物，只是现在这个世界上，难以找到一个像模像样的人，我怎么还有东西吃呢?我真的有可能要被饿死了，这是我为什么精神不振的原因；而你一直以鼠为食，这世上没有人了，难道老鼠也没有了?"猫叹道："怎么能说现在世上没鼠呢?只是近些年来鼠辈太多，且越来越有集体意识，其中的一些又极会钻营，一个个都钻营到拥有很高的地位，护卫森严，叫我如何敢去吃它!"应该说这是一则难得的寓意较深、讽世尖刻的幽默，是仿拟法中的一篇杰作。

仿拟主要借助于某种违背正常逻辑的想象和联想，把原来适用于某种环境、现象的词语用于另一种截然不同的新的环境和现象之中，产生一种新鲜、奇异、生动的感觉，也就是移植运用。

有这么一个故事。某乡下人想为其子在一公司中谋一职，遂携甲鱼数只去公司送礼，因其重量不同，又须按"职"分配，为免错记，故将官名写在纸上，贴于鳖背上。到公司大楼前，天色已晚。不料竹篓倾覆，众甲鱼乘暮色争相逃命，乡下人忙呼叫儿子："'赵总经理'跑啦!那个块头最大的。抓住'钱经理'——小心它咬手。那墙角黑压压的，莫非是'孙主管'?'李秘书'个头小，爬得快，怕是找不到了。"

旁人好奇地问："你们在抓啥?"乡下人答："抓那些王八。"

仿拟的关键在于出人意料地把毫不相干的事扯在一起，内容越是风马牛不相及越好，距离越大越能引起别人的注意，仿拟本体与新词结构越相似就越有幽默性。如：春眠不觉晓，时间何时了，夜来麻将声，输赢知多少；读书诚可贵，考试价更高，若非文凭故，二者皆可抛。

生活中多用仿拟成语来达到幽默效果，如作家下海是"投笔从'融'"，历史学家经商则为"谈'股'论'金'"，书法家被称为"玩

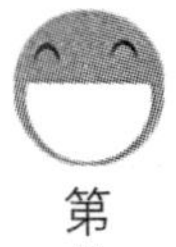

物丧‘字’”，记者被形容是“言为‘薪’生”，演员都是“多‘财’多艺”。

故意模仿现成的词、语、句、调、篇及语句格式临时创造出新的词、语、句、调、篇及语句格式，也是仿拟。恰当地运用仿拟可以更好地帮助你把原本很生硬、很无味的“死”语言化为生动活泼、诙谐幽默、意趣横生、新颖奇妙的“活”语言。

有人感谢朋友专程送行，手执朋友双手，吟道：“淀山湖水深千尺，不及老友送我情。”这是仿拟李白的诗句“桃花潭水深千尺，不及汪伦送我情”，情真意切。

有时甚至对某些词语做出更新词义的创造性处理，给人以新鲜、风趣之感，增添了幽默的情趣。

有一位经理在大会上给员工们作报告。为了严肃纪律，奖勤罚懒，他坚决地说：“谁说我们只杀鸡给猴看？我们还要杀猴给鸡看！”“杀猴给鸡看”这个反拟的幽默，不是扮演了一个恰如其分的角色吗？

可见，仿拟是幽默赖以产生的一块“肥沃的土地”。

让幽默成为闯荡社会的一门绝技

第四章

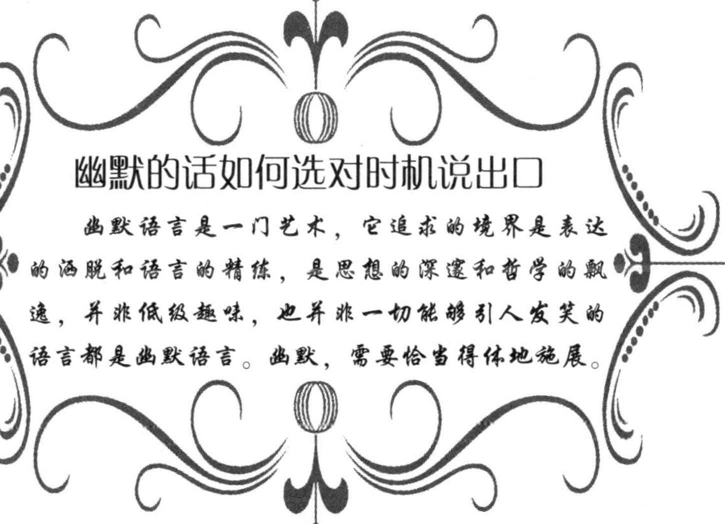

幽默的话如何选对时机说出口

幽默语言是一门艺术，它追求的境界是表达的洒脱和语言的精练，是思想的深邃和哲学的飘逸，并非低级趣味，也并非一切能够引人发笑的语言都是幽默语言。幽默，需要恰当得体地施展。

恰当得体是施展幽默的根本

真正得体的幽默谈吐是诙谐而不失风度，滑稽而不粗俗，精练而不繁冗，简约而又得当。

现代社会高度重视社交，良好的谈吐则是社交中最重要的制胜因素，往往决定着一个人的未来，同时也能征服世界上最不可捉摸的东西——人的心灵。通过说话，陌生人可以变成朋友，熟识的人可以变成知己，相互嫉恨的人可以重归于好。不仅如此，把话说好还可以帮助人们摆脱困境，维护自己的尊严。现实生活中，一句话说得不妥而破坏了人际关系的良性互动，甚至导致事业失败的例子并不少见。在复杂的人际关系中，“成由口败也由口”，因此，说话得体就成了重中之重。

饱含幽默的语言，是一杯加了鲜奶的卡布奇诺，香气扑鼻。但鲜奶的量也有个度，过多或者过少都会影响口感，因此幽默也要适度。

1999 年 4 月，朱镕基总理访问美国期间，在许多场合都显示出了高度的幽默才能。在洛杉矶机场，有人问他：“中国将如何庆祝建国 50 周年?”他从容不迫地回答道：“我们会举行一个盛大的阅兵仪式，展示我们最新式的武器。不过这些武器是我们自己制造的。”这是以幽默为武器，回击美国反华势力恶意制造的所谓“间谍案”，赢得了在场所有人的热烈掌声。

所谓幽默得体，包括适位、适人、适情、适时、适度五个方面，是

指说话人要根据自己的身份，确定自己站在哪个角度、说些什么、怎么说，还必须遵循话随境迁、符合语境的原则，即无论是话题的选择，还是话语形式的采用等，都要根据特定场合的需要来确定。

要做到说话幽默得体，不造成负面效果，需要特别注意以下几点：

（1）注意倾听。在与人交流时，听是最重要的。必须做一个合格的听众，准确地接受对方所传送的信息，包括弦外和弦内的多重意思，不要放过任何细节，一定要将那些暗设的埋伏、潜隐的台词一股脑儿挖出来，只有做到这样，才能知己知彼。否则，别人话刚说到一半，中心思想还没开始讲，你就急不可待地发表意见，那么，所说出的幽默的话就会离主题万里，达不到好的效果。

（2）三思而后言。要把别人的话进行整理，分清主次虚实，捡要紧的在脑子里过一遍，这样你才知道要说什么。此时还有一个非常重要的事儿要做：组织语言。意思是一样的，表达起来却相差千里，用什么样的词汇、句式、语气，必须心里有底，不然大口一开水泄千里，有口无心毫无遮拦，好话也要被说坏。该说和不该说、重说和轻说、直说和侧说、快说和慢说之间的辩证关系要弄清楚，否则覆水难收，后悔莫及。

（3）要切合对象。语言表达要切合听众，就得了解听众的性别、性格、职业、心理状态。否则，很有可能造成谈话不得体。

有位新局长宴请退居二线的老局长。酒过三巡，服务员端上来一盘炸田鸡。老局长看了看炸田鸡，用筷子点点说："喂，老弟，青蛙吃害虫，对人类是有益的，不能吃。"新局长一听，未假思索，脱口而出："不要紧。都是些老田鸡，'退居二线'了，不当回事了。"老局长听了这话，脸色大变。新局长本想幽默幽默，没想到伤了老局长的自尊，一时不知怎样解释才好。

这位新局长因为讲话不得体而让老局长不高兴。不得体的原因是没有根据听者的心理状态说话。这话要是跟年轻人说，大家肯定是一笑了之，但他说话的对象却是一位退休的老同志。老局长当然想到新局长是在奚落自己，自然会很生气。

（4）把握时机和场合。幽默说话一定要善于选择恰当的时机和场合。俗话说："言贵精当，更贵适时。"该说的时候没说，是坐失良机；不该说的时候说了，是操之过急。时机把握不好，即使你说得再精彩，也不会收到好的效果。

说话总是在一定的时机和场合下进行的。比如，"把经济搞上去，把人口降下来"这句标语，贴到大街上能起到很好的宣传教育作用，但贴到火葬场的大门口就不合适。因此，我们在说话时，应该注意与当时特定的场合相协调、相切合。

语言是具有共同意义的声音和符号，是人类沟通的主要桥梁。不管你生性多么聪颖，接受过多么高深的教育，穿的是多么漂亮的衣服，拥有多么雄厚的资产，如果你无法得体恰当地表达自己的思想，那么仍将一无是处。要想让别人喜欢自己，必须培养自己的说话能力，只有这样，才能打开人与人之间沟通的大门，彼此的心灵才会产生共鸣。

一件事情的成功少不了语言的技巧，一句赏心悦目的话语少不了优美词汇的点缀。不管是在工作上还是生活上，语言的诙谐性都是必不可少的，一个人的素质也能在脱口而出的言词中有所表现。掌握幽默语言的表达技巧，对改善人际关系、事业的发展都有不可估量的作用。

幽默话语要精练，一语中的

得体的幽默具有一种特殊的穿透力，有“秤砣虽小压千斤”的力度，更有“片言明百句，坐役驰万里”的广度。

幽默有很多好处，是否幽默越多，就会对人们之间的沟通和交流越好呢？不是的！幽默能给人们的生活工作带来很多平淡生活中得不到的好处。但是，并非幽默越多越好。幽默应该是三言两语，轻描淡写，它既不像小说那样有完整的结构和曲折的情节，又不像喜剧那样有着激烈的矛盾冲突。

古人说：“事以简而上，言以简为当。”语言是事实和思想的外衣，只有讲究语言的简洁准确，注意表达的分寸，才能进行有效的人际沟通。有人将幽默理解为随心所欲的油腔滑调和取笑逗乐，以为所有能使人发笑的语言都叫幽默，这就失去了真正的幽默意味。这样的幽默，是不得体的幽默。真正的幽默，必定是以健康高雅的基调、轻松愉快的形式和情绪去揭示深刻、严肃、抽象的道理，使情趣与哲理达到和谐统一。

因此，幽默语言尤其要精练，不能用太多的琐碎的词语，要删繁就简、点到为止，以免影响理解和欣赏效果。

这里有一则简单的幽默：三个斜眼犯人站在一个斜眼法官面前。法官瞪着第一个犯人问：“你叫什么名字？”第二个犯人以为法官在问他，

便答道："伊里。""我没问你！"法官将眼光转向第二个犯人，然而第三个犯人却答道："我没有说什么呀！"

这个故事是非常干净利落的。短短两句话便描绘出了审讯时的场景，幽默地勾勒了三个斜眼犯人和一个斜眼法官的特征，其中不乏深刻寓意。

如果我们要在社交中体现幽默，就应该像这样舍去所有的枝枝蔓蔓，用一句话或者几个关键字把自己的想法巧妙地表达出来，既达到一语中的的目的，又直接干脆，让人回味。

美国的莱特兄弟——威尔伯·莱特和奥维尔·莱特是人类航空史上勇敢的开拓者。在1903年12月17日，他们成功地驾驶有动力的飞机飞上了蓝天。此后不久，莱特兄弟前往欧洲旅行。

在法国的一次欢迎宴会上，各界名流汇聚一堂，主人再三邀请他俩给大家讲点什么。大哥威尔伯只好站了起来，说道："据我所知，鸟类中会说话的只有鹦鹉，而鹦鹉是飞不高的。"只这一句话，博得了全场热烈的掌声。因为这一句话既高度地概括了他们工作的艰辛与埋头苦干的精神，又充满了趣味。

在美国总统的竞选过程中，候选人除了要履行总统职责，要承担大量繁重的工作，还需要给人民树立一个健康快乐、充满活力的美好形象。而这一形象的重要表现便是幽默，幽默的话语能帮助他们"大事化小，小事化了"，缓和紧张局势，避免麻烦和树敌过多的局面。

一天晚上，林肯在忙碌完一天的竞选之后刚要上床休息，电话铃响了，有个善于钻营的人告诉林肯说，一位税务总管刚刚去世，如果他投票支持林肯，林肯能不能让他来顶替那个死去的人的职位。林肯思索了一下，这样回答："如果殡仪馆没有意见，我当然不反对。"对方无可奈何地挂上电话。

这个时候正值竞选白热化，面对来者的无理要求，如果没有一点幽

默感，就很难作出万无一失的答复。若直接拒绝，很容易树立政敌；若答应又显得自己没有原则，不能服众。林肯则用寥寥数语，将计就计回绝了对方。那位打电话的政治家所要代替的“位置”，自然是政治地位，对于这一点，林肯当然不可能不知道，他故意把打电话的政治家所要代替的“位置”利用语言的歧义说成是“死人躺下的地方”，弄得对方啼笑皆非，既不伤和气，也有力地捍卫了自己的立场。

我们在沟通中使用幽默这一技巧时，也应该用最简洁、明了的语言表达出自己的意思，切忌拖泥带水。

如何做到内容高雅、寓意深远

幽默的内容能直接体现幽默者的文化修养与思想情趣。倘若幽默的内容粗俗或不雅，虽然也能博人一笑，但笑过后就会感到乏味无聊，甚至是恶俗。

情调高雅的幽默总是于诙谐的谈吐中隐藏着真理，体现着一种真善美的感人力量。所以幽默必须是乐观健康的。只有内容健康、格调高雅的幽默，才能展示自己美好优雅的形象，也能够在幽默的同时给人以启迪和精神享受。

据说《大不列颠百科全书》最初几版收纳“爱情”条目，用了五页篇幅，内容具体细致。但到第十四版之后这一条目却被删掉了，新增的“原子弹”条目也占了与之相当的篇幅。有一位读者为此感到愤慨，责备编辑部藐视这种人类最美好的感情，而热衷于杀人的武器。对此，

该书的总编辑约斯特非常幽默地给予了回答：对于爱情，读百科全书不如亲身体验；而对于原子弹，亲身尝试不如读这本书好。

总编辑的回答无疑是很幽默的，更重要的是它包含了很深的哲理，将爱情和原子弹进行比较，既回答了读者的质问，又表达了他和读者一样，渴望人类最美好的感情、不愿原子弹真正成为“杀人凶手”的思想。

我国著名作家老舍先生说：“幽默者的心是热的。”德国诗人歌德说过：“幽默只适用于有教养的人，因此并非每个人都能懂得每件幽默作品。”可见幽默不是人人都懂，知识浅浮、心胸狭窄、行为粗俗、人格低下者，虽然有时也能引人发笑，但那是浅薄无知的表白或是庸俗低级的玩笑，绝非诙谐高雅的幽默。

譬如，语文老师为了使自己的课堂妙趣横生，吸引学生的注意力，通常会在课间穿插一些幽默的语言来调节气氛。但有些幽默是不合适的。比如，丑化教师的形象来博得学生一笑，这样做的老师是最愚蠢的。在学生们开心的同时，他们也会轻视老师，这是一种得不偿失的做法。或者是把男孩子与男孩子之间的打架解释为同性相斥，把男孩子和女孩子相处比喻为异性相吸，也是不太恰当的，不利于孩子的身心健康。

一些老师为了幽默而幽默，一篇格调很悲伤的文章，老师却插进一段搞笑的语言。这样虽然达到了“笑”的效果，然而却误导了学生的审美观。更不能拿某些学生的缺点来制作幽默，这一方面伤害了学生的自尊心，另一方面也不利于对学生健全思想的培养。

幽默的话语中必须具有高雅的审美情趣。因为幽默主要是指蕴含于“可笑”中最具有审美价值的那一层精神现象，它不仅引人发笑，发人深思，还能给人一种美的享受。林语堂在《幽默杂谈》中就曾写道：“凡善于幽默的人，其诙谐必愈幽隐，而善于鉴赏幽默的人，其欣赏尤

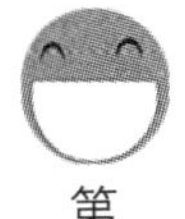

在于内心静默的理会，大有不可与外人道之滋味，与粗鄙显露的笑话不同。幽默愈幽愈默而愈妙。”

当然，愈幽愈默并不是深奥得让人难于理解，而是说要含而不露，高雅而又不乏风趣。不能因为看到别人在自己认为是开玩笑的局面中尴尬受挫，而洋洋得意到忘了自己的身份。欣赏被自己的幽默调侃得无所适从抑或是晕头转向的人们，甚至把它当成一种乐此不疲的调侃游戏，那么最终的结局就是：被这种所谓幽默得过头了也太过分了而捉弄的人们，就会顺理成章地产生一种抗拒和抵触心理，不再信任你，不再拥护你，只想离你远远的。

高雅健康的幽默能让人感到生活中的阳光每天都是那么的炫耀。不切适宜的幽默或者低级玩笑，只会使原本和谐热闹的场面不欢而散。

幽默要注意态度友善

孟子说：“爱人者，人恒爱之；敬人者，人恒敬之。”幽默的过程是感情互相交流传递的过程，如果借幽默来达到对别人冷嘲热讽、发泄内心厌恶和不满的目的，那么这种玩笑就不能称为幽默。

幽默存在于生活中的每一个角落。只要人们能够把握住幽默的尺度，那么它将处处闪光，点亮你的生活。

在人际交往中，我们轻松幽默地开个得体的玩笑，可以松弛神经，活跃气氛，营造出一个适于交际的轻松愉快的氛围，因而幽默的人常常受到人们的欢迎与喜爱。

有位教授在发表演讲，在大家都侧耳倾听时，突然有一个学生的椅子腿折断了，这人立刻跌坐在地上。

此时，同学们的注意力马上就分散了，都侧身去看跌倒的学生。教授见状急中生智，紧接着椅子腿的折断声大声说道："各位同学，现在都相信我所说的理由足以压倒一切异议声了吧?"话音一落，底下立即响起了一阵笑声，接着就是热烈的掌声。

这就是幽默给人们带来的好处。但俗话说"一句话说得让人跳，一句话说得让人笑"，同样的意思，如果表达方式不同，造成的后果大不一样。一旦幽默变了味，那效果就会适得其反。

有一个年轻学生拿了一份诗稿到杂志社要求发表，编辑看后说："这诗是你写的吗?"学生迟疑了一下说："是的，里面的大部分都是我写的。"编辑装作很认真的样子说："拜伦先生，看到您很高兴，我以为您已经死了一百多年了。"年轻学生满脸通红，讪讪而去。

编辑显然看出年轻学生的诗作是抄袭了拜论的部分作品，但他的幽默方式过于尖酸，对年轻学生从精神到人格上都是辛辣挖苦，原本的幽默变成恶意攻击，伤及年轻学生的写作积极性。

这种幽默效果不但没有达到缓和气氛、委婉拒绝年轻学生的目的，反而在学生的心里留下阴影，其效果还不如编辑直截了当地说："你这首诗部分是抄拜伦的，我们不能发表。"

因此，恰当的幽默一定要保持态度友善，不能幽默过了头，特别是不能拿别人的种族、宗教信仰以及身体残疾等来制造幽默，这会严重伤害别人的自尊和人格。

成功的社交大都源于敬重他人。也许有些人不如你口齿伶俐，表面上你占上风，但别人一定会认为你不够尊重他人，以后也不会愿意和你继续交往。所以能够让你拥有对别人产生有效影响力的最有把握的一个方法，就是设法让别人明白，你是以友善的态度从心底里敬重他们。

分清对象，对“人”下“药”

我国台湾的一位著名成功人士说：“一个人不会说话，那是因为他不知道对方需要听什么样的话；假如你能像一个侦察兵一样看透对方的心理，你就知道说话的力量有多么巨大了！”

在社会生活中，每一个人都担任着许多角色，各种角色又在随时转换当中。对于下属而言你是一个领导者，而对上级来说你却是一个被领导者；在企业里你是一个工人，在家庭里你又可能是一个父亲或者母亲、妻子或者丈夫；在顾客面前你是一个售货员，在另外一个场合下你又可能是一位顾客；在戏剧中你是一个演员，在某些时候你又只是一个观众。

社交中要特别注意定位对方此时的角色，随时调整自己的说话方式和说话内容，捕捉到对方的兴趣所在，这样才能有效利用幽默达到成功社交的目的。否则就可能破坏气氛，造成与初衷相反的效果。

美国前总统里根一次在国会开会前，为了试试麦克风是否好用，张口便道：“先生女士们请注意，5 分钟之后，我们将轰炸苏联。”一语既出，众皆哗然。显然，里根在不恰当的场合和时间里，开了一个极为荒唐的玩笑。为此，苏联政府对美国提出了强烈抗议。

无独有偶。英国女王维多利亚作为一国之王，每日忙于公务，而阿尔伯特却不太关心政治，对社交缺乏兴趣，因而，有时夫妻之间也难免

闹点别扭。

一天，女王维多利亚处理完手头的工作，深夜回到卧室，见房门已经关闭，就敲起门来。阿尔伯特在卧室内问："谁?"维多利亚回答："我是女王。"门没有开，维多利亚再敲，阿尔伯特又问："谁?"维多利亚回答："维多利亚。"门还是没有开。维多利亚徘徊半晌，再敲。阿尔伯特仍问："谁?"维多利亚回答："你的妻子。"这时，门开了，阿尔伯特热情地用双手把她拉了进去。

一个真正懂幽默的人，通常能够根据对方的角色准确捕捉到对方的兴趣所在，巧妙地说出一些幽默的话，达到活跃气氛、进一步交流的目的。

有这样一则逸闻。有一次，来自世界各国的贸易代表坐上豪华游艇，一边游览，一边洽谈商务。没想到船开到大海上时，竟然因为机器爆炸而使得船舱进水，游艇缓缓下沉。船长要大副通知所有乘客，赶快穿上救生衣跳下水去。可是这些贸易代表不肯跳入漆黑冰冷的大海里。

船长只好亲自来到客舱说服他们。他一个个将他们带到旁边说了几句话。没想到，船长说完之后，大家都乖乖地穿上救生衣跳入海里，等待救援。大副好奇地问他："你是怎么说服他们的?"

"噢！没什么，我只是顺着他们的心理去说。我对英国人说，跳水绝对有益健康，不用担心；对德国人说，这是船长的命令；对法国人说，跳到水里获救时会上电视，很出风头；对俄国人说，这是伟大革命的一刻；对美国人说，上船前我为他们买了高额保险。"

毋庸置疑，游艇船长不只是航海经验丰富，而且具有相当广阔的视野和修养，熟悉各国文化，更重要的是，他懂得区分对象的不同而运用不同的幽默来说服。每个人都有自己独特的行为方式，必须调整自己的说话方式，对不同的人区别对待。

我们身边的每个人，因为身份、性格和心情的不同，对幽默的承受

能力也有差异。同样一个玩笑，能对甲开，不一定能对乙开；能对乙开，却不一定也能对甲开。一般来说，晚辈不宜同长辈开玩笑，下级不宜同上级开玩笑，男性不宜同女性开玩笑。在同辈人之间开玩笑，也要注意对方的情绪信息和性格特征。如果对方性格外向，能宽容忍耐，幽默稍微过大也无妨；若对方性格内向，喜欢琢磨言外之意，幽默就要慎重了。当然对于平时生性开朗的人，若恰好碰上他有不愉快或伤心之事，就不能随便与之幽默。相反，对性格内向，但正好喜事临门的人，与他开个玩笑，幽默的氛围也会一下子突现出来。

幽默要注意场合

中国民间有这么一句俗语，叫“到什么山唱什么歌”。幽默亦是如此，在什么场合说什么话。巧妙利用场合和氛围，让谈话意图、内容与场合气氛协调一致，便于对方理解接受。

在日常生活中，幽默要注意场合。约会、洽谈生意等重要的人际交流活动，事先应当选择时机和场合，要考虑什么时间和地点最合适。既然适当的时机和场合是促成谈话成功的因素之一，就要在实际情况容许的前提下，充分利用这个因素，让谈话与场合气氛协调一致。

一位新歌手在一次演唱大奖赛中夺得冠军。主持人问这位激动的歌手此时此刻有什么感受时，他说：“今天我得了第一名非常高兴，我赌得了奖金，而且也赌到了名声。”“赌”字一出口，全场一片哗然，嘘声不断。这种公开的、不看场合的说话方式，会让人有粗俗浅陋的感觉，

因此这位“新秀”的形象在观众心中就会大打折扣，并使观众了解到他此次的参赛动机与人格品质。

可见，在社交场合，谈吐一定要注意周围环境，应把握分寸。幽默是处理人际关系的一种缓冲剂，得体的幽默不仅可以淡化矛盾、消除误会，还可以使人迅速摆脱困境，避免被动尴尬。

一次，周恩来总理接见外国记者，一个美国记者不怀好意地问：“总理阁下，你们中国人为什么把人走的路叫做马路?”周总理听后没有急于用刺人的话反驳，而是妙趣横生地说：“我们走的是马克思主义之路，简称马路。”这个美国记者仍不死心，继续出难题：“总理阁下，在我们美国，人们都是仰着头走路，而你们中国人为什么低头走路?”周总理笑着说：“这不奇怪，问题很简单嘛，你们美国人走的是下坡路，当然要仰着头走路了，而我们中国人走的是上坡路，当然是低着头走了。”记者又问：“中国现在有四亿人，需要修多少厕所?”这纯属无稽之谈，可是，在这样的外交场合，又不便回绝，周总理轻轻一笑回答到：“两个！一个男厕所，一个女厕所。”

不卑不亢的说话态度，优雅的肢体语言，活泼俏皮的幽默，体现了周总理的睿智和大度。幽默说话要重视场合，但更重要的是说话要善于利用场合，然后根据当时的整体形势应对，营造出和谐的交流气氛。

陈毅外长曾主持过的一次有关国际形势的记者招待会，会上他对美制U－2型高空侦察机侵扰我国领空的事件表示极大的愤慨，有个外国记者趁机问道：“外长先生，中国是用什么武器打下美制U－2型高空侦察机的？是导弹吗?”只见陈毅外长用手做了个用力往上捅的动作，说：“我们是用竹竿子捅下来的。”与会者无不捧腹大笑，那个记者也知趣地不再追问了。

陈毅外长说的“用竹竿子捅下高空侦察机”显然是一句错话，却错得极妙！试想，除此之外还有什么更好的回答方式呢？如实相告，就会

泄露国家机密，如按“无可奉告”的一般说法，会使会议气氛过于凝滞，而“用竹竿子捅下来的”这句错话，既维护了国家机密，又造成了幽默轻松的谈话气氛，避免了现场尴尬被动，真是一举两得，一箭双雕，让人拍手叫绝！

在一些严肃的场合，说者正正经经，听者也正正经经，很少出彩，常常给人一种强烈的压抑感。而一个适时的、恰如其分的诙谐就能很好地缓解这一略显沉闷的气氛。

一次聚会上，与会者个个严肃，场面气氛令人压抑。这时，卓别林要来了一把苍蝇拍子，追打一只在他头上飞的苍蝇，他拍打了好几下都没击中。过了一会儿，一只苍蝇停在他面前了，卓别林举起了苍蝇拍，正要给它致命一击，仔细一看，忽然停住了手，把苍蝇拍子放下了。人们问他为什么不打，他耸耸肩说：“这不是刚才缠着我的那一只。”

这只苍蝇是否是刚才的那只，谁也不会真的去计较，卓别林故意信口开河，令与会者捧腹大笑，接下来的交流就格外融洽。这种别具风格的“信口开河”其实就是一种幽默，巧妙利用场合的严肃气氛，使与会者从环境的束缚中解脱出来，倍感轻松自在。

但是要注意不要总是以自己为中心，以避免让在场的其他人感到不快或受冷落，因为聚会也是别人的社交，也要让别人有表现的机会。有德高望重的长辈或是领导在场的时候，必须要以他们为中心，如果他们也喜欢幽默，恰到好处插上几句不无不可，但切忌抢了他们的风头，更不可喧宾夺主。

投其所好，谈对方感兴趣的事

能言善道者，往往在与对方接触的一瞬间，就能找到双方感兴趣的话题，从而引起交谈的兴致，在人际往来中如鱼得水。

在人际交往中，能用来接近对方的话题可以说俯拾皆是，关键在于要善于根据特定的情境去发掘，并恰到好处地运用。要注意揣摩谈话对象，以一定的物和事为媒介，投其所好，寻找对方感兴趣的话题，作为引发交谈的“因子”，尔后运用幽默的语言轻松交际。

一名记者访问肯尼迪时，见面就说：“我看您还真像个人文主义者。”一下子便引起了肯尼迪莫大的兴趣，破例与这名记者长谈了将近两个小时。

另一个例子，一位从事童军教育工作的爱德华·查利弗先生，有一次为了赞助一名童军参加在欧洲举办的世界童军大会，极需筹措一笔经费，于是他前往当时美国一家数一数二的大公司，拜会其董事长，希望董事长能解囊相助。在这之前，爱德华听说那位董事长曾开过一张面额100万美金的支票，后来那张支票因故作废，他还特地将之装裱起来，挂在墙上以做纪念。

爱德华一踏进这位董事长的办公室，立即针对此事要求参观一下他这张装裱起来的支票。爱德华告诉董事长，自己从未见过任何人开过如此巨额的支票，很想见识见识，好回去说给那些小童军们听。董事长毫

不犹豫地答应了爱德华的请求，并将当时开那张支票的情形详细地解说给爱德华听。结果呢？董事长说完他那张支票的故事，未等爱德华提及，就主动问他：“对了，你今天来找我，是为了什么事？”于是爱德华才一五一十地说明来意。

出乎爱德华意料的是，董事长不但答应了他的要求，而且还答应赞助5名童军去参加该童军大会，并负责全部开销，另外还亲笔写了封推荐函，要求欧洲分公司的主管提供所需的一切服务。

当时爱德华若非事前知道董事长的兴趣所在，一见面就投其所好，引他打开话匣子，事情恐怕就没那么顺利了。

说说自己对某件普遍受关注事情的感想，是打开话匣子最稳当得体的开始，因为人人都能加进自己的意见，由此可以探出对方的兴趣和爱好，然后拓展谈话的领域。

常言道：“语言是衡量沟通双方心理距离的尺度。”如果你找对了对方的兴趣点，点缀以幽默风趣，那你的目的也就会很容易达到，并且能取得事半功倍的效果。但如果不考虑对象的癖好，即使是一些善意的调皮的话，也会招致对方的厌恶。

弹琴看听众，说话看对象。说话者心中要有对象，认识到自己是讲给他们听的。比如对象是普通的工人、农民，就必须使用浅显、朴实的语言，尽量少用专业术语，更不可咬文嚼字，故作高深，否则别人不易接受；如果对象是具有较高文化素养的人，语言就可文雅些，让自己的谈吐适应他们的水平。

幽默要把握时间，不能急于求成

古人云："妙在水到渠成，天机自露，我本无心说笑语，谁知笑语逼人来。"幽默亦是如此，要在充分的铺垫后厚积薄发，不能急于求成。

幽默说话是有过程的，我们可以把这种过程比喻成建一栋高楼，没有几米深的地基，就没有高楼的拔地而起，不经历盖第一层和第二层楼的过程，那么就显示不出最高层的高来。而盖楼的整个过程，是一个需要不断沉淀造势的过程，因为，成功的光芒只有在盖完最后一层楼时才能显现出来，才能"一句中的"，取得良好的幽默效果。

在一次《正大综艺》节目中。

赵忠祥（手拿一张画着绿色圆圈的纸）："杨澜，请你当着朋友的面，说说看，我手里拿的是什么？"

杨澜："这是一张画吗？我知道了，您这是画了一个西瓜，可是太简单了。"

赵忠祥："不对，再猜猜。"

杨澜："不是西瓜，那是小一号的西瓜，绿皮香瓜。"

赵忠祥："为什么想得那么复杂？"

杨澜："哦，对，这不过就是一个绿圆圈。"

赵忠祥："不能算对。"

杨澜："那我可就猜不出来了，您自己告诉大家吧。"

赵忠祥："我手里拿的是一张画了绿圈的纸。"（观众笑了，杨澜也笑了）

我们可以引用这一组对话，说一说幽默话语的构成规律。

幽默由四个环节组成：悬念——渲染——反转——突变。有时有的环节可以隐含或者省略，但是四个环节是客观存在的。在这个例子中，赵忠祥显然有意"创造幽默"：他出示"画着绿色圆圈的纸"是悬念的制造；然后不断地"卖关子"是渲染，以引起别人的关注与期待；"为什么想得那么复杂"是反转，是引而不发的心理迁移；当杨澜泄气时，赵忠祥揭示出人意料的谜底，是突变。

幽默表达的时机是，不动声色地制造悬念，引而不发地加以渲染，轻描淡写地反转或突变。最忌讳的是"幽默预告"。如果赵忠祥对观众说："现在我向杨澜提一个幽默的问题。"这一说，"幽默"便荡然无存了。

从前，美国有个香烟商人到法国做生意。一天，在巴黎的一个集市上他大谈抽烟的好处。突然，从听众中走出一个老人，径直走到台前。那位商人吃了一惊。

老人在台上站定后，大声说道："女士们，先生们，对于抽烟的好处，除了这位先生讲的以外，还有三大好处哩！"美国商人一听这话，连向老人道谢："谢谢您了。先生，看您相貌不凡，肯定是位学识渊博的老人，请您把抽烟的三大好处当众讲讲吧。"老人微微一笑，说道："第一，狗害怕抽烟的人，一见就逃。"台下一片轰动，商人暗暗高兴。"第二，小偷不敢去偷抽烟者的东西。"台下连连称奇，商人更加高兴。"第三，抽烟者永远不老。"台下听众惊作一团，商人更加喜不自禁。听众要求解释的声音一浪高过一浪。

老人把手一握，说："请安静，我给大家解释。"商人格外振奋地说："老先生，请您快讲。""第一，抽烟人驼背的多，狗一见到他以为

是在弯腰捡石头打它哩，能不害怕吗？”台下笑出了声，商人吓了一跳。“第二，抽烟的人夜里爱咳嗽，小偷以为他没睡着，所以不敢去偷。”台下一阵大笑，商人大汗直冒。“第三，抽烟人很少长命，所以没有机会衰老。”台下哄堂大笑。此时，大家一看，烟草商人已不知什么时候溜走了。

这位老人讲话一波三折、层层推进，一步一步把听众的思维引向迷惑不解的境地，把听众的胃口吊得足够“馋”的时候，才不慌不忙地将包袱抖出，表达出自己的意思。

按照惯常思维，抽烟是应该遭到反对的，因为抽烟的危害人所共知，当老人一言不发地走向大谈抽烟好处的商人时，一般认为老人要提出反对意见，而老人却也大谈抽烟的好处。商人和听众一样大惑不解，因而急切地想知道原因。最后，老人以幽默的话语作了妙趣横生的解释。既让听众开心，又让听众从商人的欺骗性话语里走出来，意识到抽烟的危害性。因为他所说的三条好处其实正是抽烟的危害之所在。

幽默说话不要急于求成，如果迫不及待地要把妙语趣事说出来，太急于引起听众发笑，太早让人知道有趣的“谜底”，就会显得操之过急。太早泄露“天机”和惊奇，由于铺垫不够，火候不到，结果也就失去了幽默感。所以，应娓娓而谈，不徐不疾，使听众对结果有错误的预期，有一个缓冲思考的时间，然后再一语道破。但是也不能太慢，太慢会使听众忘了他所期待和预期的是什么了。

第五章

怎样用幽默摆脱尴尬境地

生活中总是充满了意外。这些意外可能是惊喜、好运，也可能是尴尬、糗事。大凡懂得幽默的人，都有一种超凡脱俗的人格，能随机驾驭幽默的力量，采取不同的幽默战术，独自应付突如其来的窘境，扭转尴尬局面。

尴尬瞬间，幽默救场

“十有九输天下事，百无一可意中人。”面对生活中难以避免的尴尬事情，我们不妨略施幽默，用幽默去应对和化解它。

一个人的心情怎样，决定权在他自己，而不是外界环境。尴尬的时候最能考验一个人的风度，只有在尴尬的氛围中依旧保持自信从容，才是真正的宠辱不惊，才能让自己的心境始终保持愉悦、平和。

一位才出道的年轻钢琴家受邀到一个城市的体育馆演出，很快要开始了，台下的观众却稀稀落落，位子还未坐满一半！主办单位尴尬不已，连声道歉。

演出开始了，钢琴家从容大方地走到台前，以充满神秘的口吻说：“哦！我明白了，贵市的人一定都很有钱。”台下的观众一头雾水，他接着说：“数数剧场的空座位就知道，你们每个人都买了两三个人的位子啊！”全场观众愣了愣，紧接着是一阵哄堂大笑。原本尴尬的气氛顿时轻松起来，钢琴家才正式开始自己的演奏。

当一件不顺的事降临时，若我们悲观地告诉自己：“完了！一切都完了！”那么结果肯定是愁眉苦脸好一阵子。但若我们幽默地对自己说：“没关系！下次一定不会比这次更糟糕了！”那么便没有任何事令人心烦了。

有幽默感的人往往思路敏捷、反应迅速，所以才可以在复杂的环境

中从容不迫，妙语连珠，能够凭借幽默的力量化险为夷。

出租车上，女乘客不停地打扰司机，汽车每行驶一小段，她就提醒司机一次她要在哪儿下车。司机一直很有耐心地听，直到她后来大叫道："我怎么知道我要下车的地方到了没有？"司机说："你什么时候看我脸上有了笑容，就是到了你要下车的地方了。"

幽默不仅可以化解自己的困境，也可以给对方一个宽容的台阶，避免对方的尴尬。

有一个学生，因为父亲生病需要照顾，总是上学迟到。班主任为此多次点名批评他。一次，当他再一次迟到的时候，班主任终于忍无可忍，当着全班同学的面，冲着他劈头盖脸一顿骂，一气之下甚至说出"你给我滚回家去，把你父母叫来说明情况"的话来。

这个学生却微笑着对班主任说："老师，我不是哪吒，没有风火轮，滚不了。"这个学生聪明地给了自己和老师一个台阶，缓和了一下气氛，然后才把自己家里的特殊情况一一道来，最终得到了老师的体谅。

一个小伙子陪着美丽的女友去吃烤肉，正要吃时，女友突然当众打了一个大大的喷嚏，还从鼻子里飞出一些东西。众人皱眉，女友一时间尴尬不已。这时，小伙子迅速从口袋里掏出面巾纸，大声地对她说："亲爱的，你的美貌连外星人都知道。看，你鼻子里飞出了一个 UFO，你要不要擦一下？"

女友笑了笑，优雅地接过纸巾，回馈他一个感激的微笑。

用幽默的力量来解救自己，使自己的心灵超脱尘世的种种烦恼；用幽默来包容他人的困境，使生活多一点自由和愉悦。面对已经改变不了的窘境时，你准备好了用幽默来应对吗？

找个借口，用幽默宽容别人

在窘境里为别人找一个合情合理的借口，不但能幽默地解除尴尬，还能体现出幽默者良好的风度与修养，善意与宽厚。

有一次，著名演员新凤霞和丈夫举办敬老晚宴，请了文艺界许多著名的前辈。时年九十多岁的著名画家齐白石在看护的陪同下也前来参加，老人坐下后，就拉着新凤霞的手目不转睛地盯着她看。看护带着责备的口气对白石老人说："你总盯着别人看什么呀？"白石老人不高兴了，说："我这么大年纪了，为什么不能看她？她生得好看。"说完，老人家气得脸都红了，弄得大家都很尴尬。这时新凤霞笑着对白石老人说："您看吧，我是演员，不怕人看。"在场的人都笑了，场面气氛也缓和下来了。

新凤霞恰当地运用了打圆场的技巧，强调事件发生的合理性，以"自己是演员"为理由，证明白石老人看自己是正当而合理的，这样就给对方找到了行为的理由，顺利地摆脱尴尬境地，交往活动也就能正常地进行。

有些人之所以在交际活动中陷入窘境，常常是因为他们在特定的场合做出了不合时宜或不合情理之事，于是就进一步造成整个局面的尴尬和难堪。为了缓解这种局面，我们可以采用故意"找借口"的办法，忽略言语行为的真实含义，而从善意的角度来说出有利于化解尴尬局面的

解释。

一次，林肯的老友白兰德来拜访林肯总统时，正有一队士兵在门外等候林肯训话。

林肯请白兰德随他外出，并继续和他谈话。当他们行至回廊时，军队突然齐声欢呼起来。白兰德这时本应该识趣地退开，但他并没有意识到这一点。于是，一位副官走到白兰德面前，嘱咐他退后几步。这时他才发现自己的失态，窘得满脸通红。但是，林肯却立即幽默地说："白兰德先生，你得知道他们也许分辨不出谁是总统呢！"在那难堪的一瞬间，林肯用他的机智十分巧妙地化解了这一窘迫的局面。

虽然很多幽默被用于揭露弊端，讽刺卑俗与愚蠢，但它绝没有锋芒毕露、咄咄逼人的气势，也不是无情的嘲笑与鞭笞，它总是和颜悦色、心平气和地纠正人们的毛病和缺点，让人们在笑声里看到自己或他人的丑行或影子，使之彻悟而知悔改。

在一家餐馆里，一位顾客正把饭中的砂子一粒一粒地拣出来摆放在桌子上。服务员见了不好意思地说："净是砂子吧？"顾客笑笑，摇摇头说："不，还有米饭。"

这位顾客没有直接批评饭的质量。他抓住服务员说的"净是砂子"做文章，便说"米饭也有"，通过否定的形式来肯定米饭中有很多砂子，就显得非常委婉。这样既表达了自己对米饭中砂子过多的不满，又不至于使得对方过于尴尬。

法国人佛朗华因尊重女性而享誉世界。他一生中从不当面说令女士难堪的话。有一位长得很丑的妇女，自认为有办法让佛朗华破例，于是特来拜访他，要佛朗华对她的长相作评价。见面后，佛朗华说："所有的女人都是天上掉下来的天使，但是有些天使掉下来时，不幸的是鼻子先着地，夫人，这不是您的责任。"

对于非说不可但又不便直陈的事实和现象，幽默则用婉说、曲说、

代说、易说等委婉含蓄的表达方式面对对方的“主动进攻”，佛朗华能“坚守城池不失”，便有赖于高超的婉说艺术。在寥寥可数的话语中，既委婉地说出了事实，又适度地给人以安慰。这就是“幽默宽容”的魅力。比如男女舞伴第一次跳舞，由于一方的舞技差而踩了舞伴的脚，说“没关系”这样礼貌的话可能还是会加重对方的紧张。如果说一句“地球真小，我俩的脚只能找一个落点了”，幽默宽容的话可使双方会心一笑，化紧张不安为轻松自在。

换个角度说话，走出尴尬阴影

幽默并不是天才、高智商、喜剧演员的专利，只要学习让嘴角往上翘，换个角度欣赏事物，即可学会幽默，走出尴尬。

词典中说：“尴尬是生活中遇到处境窘困、不易处理的场面而使人张口结舌、面红耳赤的一种心理紧张状态。”生活中的尴尬不仅仅是这样，比如在公众场合被人抢白，新买的裤子当场裂开等，这种没面子的感觉要比紧张难受许多倍。

生活中的尴尬有时是由别人有意或无意造成的，有时是因为自己的言行不当造成的。人们并不愿碰到尴尬，可这并不由你自己，所以，问题的关键所在是怎样应付尴尬。

在一对新人的婚礼上，婆家的宾客们初次见新娘，就故意指着新娘问新郎：“这位是谁呀，也不介绍介绍?”新郎略思片刻，顺口答道：“她是我丈母娘的大女儿，也是我妈妈的大儿媳妇。”一句话说得宾客们

哄堂大笑。按常理，像这样的问话，可简练地回答：“她是我妻子。”而新郎却采用幽默的语言绕了几个圈子，一下子使婚礼的气氛活跃起来。

有一对年轻夫妇，结婚几年还没有孩子，俩人都非常苦恼。有一天，他们在路上碰到老同学，说话间，老同学的儿子突然发问：“阿姨，妈妈说要把你的儿子给我做干弟弟，我什么时候才能见干弟弟呢?”面对小朋友的问话，妻子十分为难，答吧，怎么答？不答吧，又下不了台。

这时丈夫灵机一动，答道：“不在今年，就在明年；不在明年，就在后年……”几句恰当的啰嗦，不但不使小朋友失望，而且帮妻子解了围。

其实在生活当中，每个人都可以利用幽默来走出尴尬。只要能够换个思路，从新的角度寻找突破口，把本来听起来荒诞的理由说得合乎情理，那么别人的微笑便是对尴尬处境的最好体谅。

有一条狗疯狂地扑向农夫，农夫忍无可忍，用粪叉叉死了那条狗。狗的主人是一位贵族，他告到法院，要求农夫赔偿损失。

法官说：“你要是把叉子倒过来，用没有尖刺的那一头，不就没这事儿了吗?”农夫回答道：“您说得很对，法官先生，要是那条狗也倒着向我扑过来，我当然会这样做的!”农夫被宣判无罪。

有一位绅士正在餐馆里进餐，突然发现菜汤里有一只苍蝇。他招来侍者，冷冷地讽刺道：“请问，这东西在我的汤里干什么?”侍者弯下腰，仔细看了半天，回答道：“先生，它是在仰泳!”餐馆里的顾客被逗得捧腹大笑。

在这种情况下，无论侍者如何解释、道歉，都只能受到尖锐的批评，甚至会引起顾客的愤怒。但是，幽默帮了他的忙，把他从困境中解救出来，使气氛得以缓和。

当你碰到棘手而又尴尬的问题时，要懂得随机转换角度，使用恰到

好处的一句幽默的话，能令你立于不败之地。

有一次，一位顾客走进一家有名的饭店，点了一只油氽龙虾。他发现菜盘中的龙虾少了一只虾螯。他询问侍者，侍者把老板找来。

老板双手抱胸，故作神秘地说：“对不起，龙虾是一种残忍的动物。您的龙虾可能是在和它的同类打架时被咬掉了一只螯。”顾客听了，不动声色地回答：“那么麻烦您调换一下，请把那只打架得胜的给我。”

面对客人的指责，自以为是的老板本想用调侃的语调推卸责任，谁料到顾客话锋一转，一句“请把那只打架得胜的给我”更胜一筹，不但没有陷入老板设下的尴尬陷阱中，反而委婉明确表达自己的意图。这种方式既摆脱了两难处境，维护了自己的利益，也因为不取笑、不批评他人，没有伤及他人的自尊。

顺水推舟，用幽默应对别人的嘲讽

顺水推舟法的特征是不作正面抗衡，而是顺着对方的话说下去，借力胜“敌”，从而成功达到自己的目的并产生幽默效果。

在日常生活中，如果不幸遭到别人非善意的顶撞、攻击、讽刺挖苦或者出言不逊时，不要立即以牙还牙，针锋相对，而是把它作为前提，作为铺垫，作为条件，顺势把自己的幽默抖搂出来，使自己摆脱尴尬困境。

美国曾有个政界要人叫凯升，20 世纪 40 年代他首次在众议院里发表演讲时，打扮得土里土气，因为他刚从西部乡间赶来。一个善于挖苦

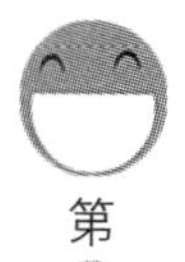

讽刺的议员，在他演讲时插嘴说："这个伊利诺斯州来的人，口袋里一定装满了麦子吧？"这句话引起哄堂大笑。

凯升并没有因此怯场，他很坦然地回答说："是的，我不仅口袋里装满了麦子，而且头发里还藏着许多菜籽儿呢。我们住在西部的人，多数是土里土气的。不过我们虽然藏的是麦子和菜籽儿，却能够长出很好的苗来！"这句话立刻使凯升的大名传遍全国，大家给他一个外号："伊利诺斯州的菜籽儿议员。"

幽默者多是待人宽厚、与人为善的，往往不会处处与人为难，时时跟他人过不去，更不会无事生非。一般来说，他总是遇事退避三舍，即使受到不公平的待遇或遭到令常人难以忍受的冤屈，往往也不会怨恨得咬牙切齿，愤怒得破口大骂，甚至拿出杀手锏致对方于死地。但是，他也不是窝囊废，他会以他独有的宽容的方式来作出反应，也许带一点嘲讽，当然更少了不自嘲。这样，他往往就成了更高层次上的胜利者。

喜剧女演员卡洛·柏妮有一次坐在餐厅里用午餐。这时，有一位老妇人走向她的餐桌，举起手来摸摸卡洛的脸庞。当她的手指滑过卡洛的五官时，带着歉意说："我看不出有多好看。""省省你的祝福吧！"卡洛说，"我看起来没多好看。"

素不相识而摸别人的脸庞，是绝对的无礼。老妇人对卡洛的嫉妒几乎成了一种带有恶意的尖刻。但卡洛并未发火，她深深理解喜剧与闹剧的差异。她神情自若，先把老妇人带有攻击意味的贬低说成是"祝福"，并请她停止"祝福"。然后，坦然地承认自己没多好看，讽刺对方，而又嘲笑自己。在粗鲁和蛮横的侵犯面前，保住了自己的尊严，同时又表现出一种豁然大度的气魄，从而在精神上战胜了对方。

有一个人请众朋友吃饭，宴席间一个朋友不停地往盘子里夹东西，他便开玩笑地对那个人说："你不愧是属猪的，真能吃！"那人却不慌不忙地对上一句："所以咱们才能聚到一起呀！"说完，大家哈哈大笑，尴

尬在无形中化解了。

自我解嘲时，可以顺水推舟自己先把自己胳肢几下，这是很高明的一种脱身手段。

一位棋迷，棋艺不高，但恋棋如命，与人下棋屡战屡败。有人问他战果，答曰："第一盘我没赢，第二盘他没输，第三盘我没有让他，杀得十分激烈，最后，人说和了算了，他还不肯!"这死要面子的调侃让人捧腹，言语中透出一股调皮可爱。

在日常生活中，顺水推舟还可以使自己跳出对方故意狡辩而造成的尴尬处境。"含沙射影"地回击对方，既解不快，又可起训诫作用。

法官审问一个被告道："你为什么要去偷东西?""我也是没有办法，因为贫穷找上门来了。"被告装作十分可怜的样子回答说。"这是理由吗？你完全可以不开门啊!"法官训斥他道。小偷的辩词似乎有点道理，但是法官用他的机智与幽默回击了他：既然贫穷找上门来了，那不开门不就完了。让他无语再接下去。

欲扬先抑，自贬声誉

自贬常常是大智若愚者的最佳幽默。一个人若懂得贬低自我，以衬托他人的优越，屈尊降贵，达到自己说话的真正目的，那他绝对是个"成熟而且敏锐"的人。

在社会竞争日益激烈的今天，社交与个人的生存发展更是密不可分。本领再大的人，如果仅凭一己之力，势必寸步难行，事事难成，只

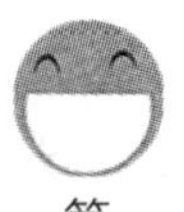

有在社交上如鱼得水的人才容易成功。

但社交时以身份、声誉作前提条件来交涉是行不通的，特别是境遇尴尬时。这就需要屈尊降贵，甚至自贬声誉，加之幽默的语言，巧妙地处理。想想看，著名的喜剧大师卓别林不就是每次出场表演时都来个戏谑的“摔跤”，从而营造出一个让观众“哄堂大笑、喧闹一时”的开场吗？

赫蒙是美国有名的矿冶工程师，毕业于美国的耶鲁大学，又在德国的弗莱堡大学拿到了硕士学位。可是当赫蒙带齐了所有的文凭去找美国西部的大矿主赫斯特的时候，却遇到了麻烦。那位大矿主是个脾气古怪又很固执的人，他自己没有文凭，所以就不相信有文凭的人，更不喜欢那些文质彬彬又专爱讲理论的工程师。当赫蒙前去应聘递上文凭时，满以为老板会乐不可支，没想到赫斯特很不礼貌地对赫蒙说：“我之所以不想用你就是因为你曾经是德国弗莱堡大学的硕士，你的脑子里装满了一大堆没有用的理论，我可不需要什么文绉绉的工程师。”

聪明的赫蒙稍作思考，便心平气和地回答说：“假如你答应不告诉我父亲的话，我要告诉你一个秘密。”赫斯特表示同意，于是赫蒙对赫斯特小声说：“其实我在德国的弗莱堡并没有学到什么，那三年就好像是稀里糊涂地混过来一样。”想不到赫斯特听了哈哈大笑地说：“好，那明天你就来上班吧。”就这样，赫蒙运用了必要时自贬的策略轻易地通过了一个非常固执的人的面试。

或许有人会认为赫蒙那样做并不合适，问题是能不能做到既没有伤害别人又能让别人接受你而把问题解决。就拿赫蒙来说，他贬低的是自己，他自己的学识如何，当然不在于他自己的评价，就是把自己的学识抬得再高，也不会使自己真正的学识增加一分一毫，反过来贬得再低也不会使自己的学识减少一分一毫。

美国著名政治家帕金斯 30 岁那年就任芝加哥大学校长，有人怀疑他那么年轻是不是能胜任大学校长的职位，他知道后只说了一句：“一个 30

岁的人所知道的是那么少，需要依赖他的助手兼代理校长的地方是那么的多。”就这短短一句话，使那些原来怀疑他的人一下子就放心了。

这种自贬声誉式的幽默让人感受到谦逊和豁达，能使紧张的气氛变得轻松，使陌生的心灵变得亲近。当然，自贬声誉不是自我辱骂，不是出自己的丑。要把握分寸，自我贬低时要超脱，而不应尖刻和感到屈辱。如果我们尖刻地嘲笑自己，觉得我们犯了愚蠢的错误，活该受到惩罚，那我们只会感到屈辱。因为这种态度背后的潜意识就是相信我们应该比实际表现出的更好，而如此人生态度正是我们超脱的障碍。如果我们内心充满了爱来自贬自己，就能达到某种和蔼可亲的超脱。

某人要出国进修，他的妻子半开玩笑地说：“你到那个花花世界，说不定会看上别的女人呢！”他笑道：“你瞧瞧我这副尊容：瓦刀脸，罗圈腿，站在路上怕是人家眼角都不撩呢！”一句话把妻子逗乐了。

人人忌讳提自己长相上的缺陷，可这位丈夫却能够接受自己的先天不足，并不在意揭丑。这样的自嘲体现了一种豁达的心态和人生智慧，比一本正经地向妻子发誓绝不拈花惹草，其效果不是更好吗？此时在其妻眼里，他一定变得又帅又可爱。

借来话题，赶走尴尬

在社交中不妨巧妙借用某个话题作为传递信息的载体，制造轻松气氛，形成幽默，从而赶走尴尬。

罗西尼是19世纪著名的意大利作曲家。有一次，一位作曲家带了

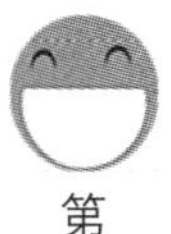

份七拼八凑的乐曲手稿去向他请教。演奏过程中，罗西尼不住地脱帽。作曲家问："是不是屋里太热了？"罗西尼回答说："不，我有见到熟人脱帽的习惯，在阁下的曲子里，我碰到那么多熟人，不得不连连脱帽。"

对于这位求教的作曲家七拼八凑的乐曲手稿，罗西尼显然非常不满，但他没有点破对方的抄袭、拼凑，而是借用富于幽默的"不住地脱帽"的动作和"碰到那么多熟人"的话题作解释，委婉含蓄地暗示了自己的批评意见，这种批评虽不如直说那般鲜明尖锐，但它不仅生动形象，而且幽默含蓄，还避免了由于话语批评讽刺可能带来的尴尬气氛。

无论我们是否愿意，那些令人尴尬、窘迫的境况总会不期而至，扰乱我们正常的逻辑思维，影响我们与他人的社交沟通。这个时候最好的办法莫过于巧妙地转借话题，把别人的注意力转移到其他方面，从侧面打开缺口，把令人紧张的话题变成轻松的幽默，甚至是对对方的尖锐的回击。

有一次，一个很傲慢的观众在演出的幕间休息时，走到俄罗斯著名的马戏丑角杜罗夫身旁，讥讽地问道："丑角先生，观众对您非常欢迎吧？""还好。"杜罗夫平静地回答。

"是不是想在马戏班中受到欢迎，丑角就必须具有一张愚蠢而丑怪的脸蛋儿呢？"观众的问题咄咄逼人，"确实如此。"杜罗夫回答说，"如果我能生一张你那样的脸蛋儿的话，我准能拿到双薪！"傲慢的观众哑口无言，只好灰溜溜地走掉了。

俄国大诗人普希金年轻时，有一次在彼得堡参加一个公爵的家庭舞会。他邀请一位小姐跳舞，这位小姐傲慢地说："我不能和小孩子一起跳舞！"

普希金灵机一动，微笑着说："对不起，小姐，我不知道你正怀着孩子。"说完，他很礼貌地鞠了一躬，而那位漂亮的小姐却无言以对，满脸绯红。普希金借助傲慢小姐的话题，从容地走出了被拒绝的尴尬

境地。

类似的例子还有很多，如：

考试开始了，汤姆举起手，老师走了过来。“我没有带铅笔。”汤姆说。“如果一个士兵上战场却没有带枪，你说他会是什么士兵？”老师批评道。“我想他是个指挥官。”汤姆答道。

一名军官正训斥一名新兵：“你是怎么搞的？老是迟到。”“报告长官，我总是睡过了头——”“什么？”军官大发雷霆，“如果每一个当兵的都睡过了头，这世界会变成什么样子？”“我想，”新兵回答道，“这世界再也不会有战争了。”

上面的这些例子，答话中虽有偏离常规的地方，但其巧妙借用话题、化不愉快于无形之中的技巧值得借鉴，有助于人们更加融洽地与人交际。

一天，阿凡提去朋友家做客。那位朋友是个爱好音乐的人，他拿出了各种乐器，一件一件地演奏给阿凡提欣赏。中午过了，阿凡提早就饿得难受，那位朋友还在没完没了地拨弄乐器，并问道：“阿凡提，世界上什么声音最好听？是独塔尔还是热瓦甫呢？”阿凡提回答说：“朋友，这会儿，世界上什么声音都比不上饭勺刮着锅的声音好听呀！”

如果阿凡提说：“我肚子都快饿扁了，你还没完没了地摆弄乐器干什么？”虽然直接，却容易造成朋友“照顾不周到”的误解，使当时的气氛变得尴尬。所以阿凡提及时接过话题，临时用“饭勺刮锅的声音”的话题转移音乐家的乐曲声，以此暗示对方该是进午餐之时了。由于话题的借鉴自然风趣，又表达得含蓄而幽默，在不损害对方自尊心的前提下令对方愉快地得到了暗示。

口吐莲花，为自己的过失辩解

同样是药丸，外面裹上糖衣的药就让人容易入口。同样，幽默地为自己的过失巧妙辩解，会比直接表达更容易让人谅解和接受。

有一个人骑自行车不小心骑到了道路的左边，正巧和迎面驶来（骑自行车）的一位男青年相撞。男青年大概被撞痛了，火冒三丈，张嘴就嚷：“你学过交通规则没有？骑车为什么不靠右边走？”面对男青年的盛怒，这个人即笑着答复对方：“如果所有人都靠右行，那么左边的路不就空着了！”这句地地道道的“幽默狡辩”引得对方一笑，冲淡了自己的过失，男青年满肚子的火气似乎都在笑声中消散了。接着这个人又笑着向男青年表示道歉，两个人客客气气地道别各自回家了。一场可能发生的冲突被一句幽默给排解了。

人们在生活中难免犯错误，这时候如果能来上几句幽默，或许能使自己的过失得到适当的淡化，走出尴尬境地。

一位妻子怒气冲冲地打电话给自己的丈夫说：“都几点钟了，你怎么还不快去车站接我妈！”丈夫这才想起接人的事情，他灵机一动说：“我不敢去啊！”妻子问：“为什么？”丈夫不紧不慢地说：“你上个月规定的我除你之外不准接触任何女人的禁令还有效吗？”妻子哭笑不得，一腔怒火化为一句嗔怒。

丈夫在接到电话时才想起自己忘记去接人，面对妻子的咄咄逼问，

明知是自己不对，但又不甘于被狂轰滥炸。于是利用妻子“不准接触任何女人”的禁令，从侧面找到了一个全身而退的机会，还间接地表达了自己对妻子的忠贞，可谓是歪打正着。丈夫假若不懂得“转移角度”的窍门，对妻子的数落强作反驳，很可能会引起夫妻之间一场口角，那样岂不是太不明智了吗？

有一次偶然的机会，马克·吐温与雄辩家琼西·得彪应邀参加同一晚宴。席上演讲开始了，马克·吐温滔滔不绝，情感丰富地讲了20分钟，赢得一片热烈的掌声。

轮到得彪上台演讲时，他突然发现自己的演讲稿找不到了，如果硬着头皮凭着记忆讲下去，不但会远远输给马克·吐温，而且自己在公众心目中的形象肯定会大打折扣。

得彪稍作思考，站起来走到台上，面对众人期待的眼神，面有难色地说：“诸位，实在抱歉，会前马克·吐温先生约我互换演讲稿，所以诸位刚才听到的是我的演讲，衷心感谢诸位认真的倾听及热情的捧场！然而，不知何故，我找不到马克·吐温先生的讲稿了，因此我无法替他讲了。请诸位原谅我坐下。”

场下的观众一愣，旋即响起热烈的掌声。马克·吐温精彩的演讲使得彪站在了一个心有余而力不足的位置上，这个位置上的得彪的演讲只能超越而不能逊色或者与他打平手。聪明的得彪避开正面锋芒，巧妙利用一个幽默的“谎言”掩饰自己的过错，甚至在一定水平上超出了马克·吐温。

难得糊涂，用优雅的姿态应对难堪

故作糊涂所表现出的幽默是智慧的产物，因为它往往对一些人所共知的或简单易懂的现象作出荒诞的解释或发挥，将人引向另一个不易想到的诙谐的思路上，从而优雅地应对突发状况。

莎士比亚在其著作《第十二夜》中有这样一句话："因为他很聪明，才能装出糊涂人来。彻底成为糊涂人，要有足够的智慧。"智慧有时就隐藏在假装糊涂的幽默中。在一些特殊的场合，我们常常会碰到一些意想不到的事情，处理不好着实使人尴尬万分。遇到这类情况时，想要化解难堪，不妨假装糊涂，幽默应变。

19 世纪初期，约翰·亚当斯竞选美国总统期间，共和党人蓄意指控约翰·亚当斯曾派遣竞选伙伴平克尼将军到英国去挑选四个美女做情妇，还声称其中两个给平克尼，两个留给总统。约翰·亚当斯听后哈哈一笑，淡然说道："假如这个消息是真的，那平克尼将军肯定是瞒过了我，把美女全都独吞了！"

约翰·亚当斯用假装糊涂的办法巧妙地回击了共和党人，使自己体面地下了台。类似上面这种突发情况下的假装糊涂，其实是一种高超的机智应变的手段。

幽默感的缺乏很多时候是因为我们已经习惯于直截了当地就事论事，而实际上，如果在出现问题的时候直接向他人道歉或反驳他人，只

会使自己更加难堪，而适当地装装糊涂，幽默一下，反而能够巧妙地解决问题。

有一次剧组拍完电影，包括女主角的几个主演都去浴室洗澡了。这时女主角的家人打来紧急电话，导演只好派另一个女演员去叫。片场一共有三间浴室是给几位主演专用的，一进门是更衣室，里面才是浴室，如果人在里面洗澡，外面叫是听不到的。

女演员不知道女主角在哪间浴室，情急之下推开了第一间浴室的门，哪知道却看到男主角正光着身子站在喷头下冲洗。男主角停顿了一下，女演员急忙转身，赶紧把门关上，并大声喊出了另一位女明星的名字说：“哦，对不起，丽莎小姐！”浴室内的男主角也粲然一笑。

这位女演员采取了看错了人的假装糊涂的做法，既不使男主角感到难堪，更使自己摆脱了尴尬。

有一个人在镶牙后用伪钞支付医疗费，因此被医生告到了法院。在法庭上，此人申诉说：“牙科医生给我安装的是假牙，我当然要付假钞。”

此话即为典型“狡辩”，假牙可以代替真牙咀嚼，而假钞却不能代替真钞起流通作用。虽然这样做并不能成功地解决问题，但起码最直接缓解了被指控时的尴尬。其实假装糊涂的妙处就在于对真、假、虚、实的灵活运用，有时候尽管自己很清醒，还是装作糊涂来迷惑对方，不仅能够缓和气氛，还能应对诸多突发难堪。

不妨在适当的时候给自己的朋友们来点糊涂的幽默，你朋友脸红，你可以建议他少吃点苹果；你朋友脸黑，你就建议他少吃点窝头。你越是把不可能的事情凑到一块，就越能显出你的“痴呆”，你的可笑，你的幽默和你的智慧。用幽默的力量来释放你自己，使你的精神超脱尘世的种种难堪；用幽默来增加自己的活力，使生活多一点洒脱自在。

以幽默回敬对方的无礼和攻击

谈判中采取幽默的姿态，不但可以钝化对立感，营造友好和谐的会谈气氛，还能在不经意的话语中暗含杀机，在笑谈中有力维护自己的立场。

谈判的双方要相互尊重。不管双方代表在个人身份、地位上有多大差异，他们所代表的组织在力量、级别等方面如何强弱悬殊、大小不均，一走到谈判席上，就都是平等的。

但是，有的谈判代表自恃地位高贵，或背后实力强大，在会谈中傲慢无礼，对另一方挖苦攻击，试图在气势上压住对方，迫其屈服；也有的代表自身涵养不好，谈判不顺利时恼羞成怒，对另一方侮辱谩骂。在此类情况下，如果要不辱使命，不失气节，又不致激化矛盾，使谈判破裂，被攻击的一方可以使用幽默语言回敬无礼的一方，煞住其气焰。

战国时期齐国大夫晏子出使楚国。楚王想在接见他之前先侮辱他一番，以此来挫一挫齐国的威风。楚王派人把城门紧紧关闭，然后在城门的边上凿了一个仅能容一人通过的小洞，让晏子从这个小洞钻进城内。换了别人，也许会大发脾气或怒而返回，那样就难以完成使命了。

晏子只是轻蔑地一笑，说：“只有出使狗国的人才从狗门进去，现在我是出使堂堂的大国楚国，怎能从这样的狗门进去呢?”楚王听说后无言以对，只好命人大开城门——把晏子迎了进去。

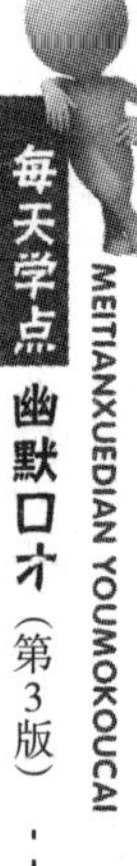

楚王接见晏子时，看他身材矮小，就挖苦地说："难道齐国没有人了吗?"

晏子随口应答："齐国临淄大街上的行人太多了，一举袖子就能把太阳遮住，流的汗像下雨一样，人们比肩接踵，怎么会没有人呢?"

"既然有这么多人，怎么会派你这样的矮子为使臣呢?"

"我们齐王派出使者是有标准的，最有本领的人，派他到最贤明的国君那里去。我是齐国最没出息的人，因此被派到楚国来了。"

晏子面对楚王对自己的人身侮辱，从容反击，他顺着楚王的话贬低自己，抬高自己的国家，同时有力地奚落了楚王，说得楚王张口结舌。

晏子以自己的机智和雄辩，打击了对方的嚣张气焰，维护了自己的尊严，从而为后来的谈判在平等互利的基础上进行而铺平了道路。

1984 年秋天，我国外交部副部长周南与英国代表伊文思就香港主权的收复问题再次举行会谈。谈判开始时，周南笑着对英方代表说：

"现在已经是秋天了，我记得上次大使先生是春天前来的，那么就经历了三个季节了：春天、夏天、秋天——秋天是收获的季节。"

周南表面上是就英方代表来华的时间，做关于自然现象的闲谈，但对话双方都明白，此话暗含的意思是：谈判已进行了很长一段时间，现在是得出明确结论的时候了。周南这番话讲得自然得体，既融洽了气氛，又表明了我方的意向和决心。

在外交场合，老练而有素养的谈判代表常用一些委婉含蓄的辞令来暗示出自己的意见。这些暗示语的真正含义往往指向关键性问题，而用这种表面温和的方式表达出来，可以使会谈气氛显得轻松、文雅，从而使实质内容的尖锐所造成的紧张情势得到缓解。

两个陌生人在别人的介绍下约会。小姐问男子："你有奔驰吗?"男子摇摇头："没有。""你有洋房吗?""没有。"小姐讪笑道："那么，看来我们也没有缘分!"男子无可奈何地起身，自言自语道："难道非要我

把宝马换成奔驰，把二百平方米的别墅换成洋房吗?”

面对这位嫌贫爱富的小姐，男子用调侃的语气回敬了她，貌似不经意，实则是对小姐势利心的讥讽。听完这位男子的“自言自语”，相信小姐一定会后悔自己有眼无珠，同时也会为自己的无礼行为反思。

第六章

如何用幽默顺利说服他人

幽默话语能够创造一个轻松愉悦的环境，给人一种随和亲切的感觉。无论是在辩论、说理还是在简单的交际中，幽默都是打破沉闷气氛最有效的方法之一，是打开严肃话题闸门的杀手锏。很多时候，幽默话语比滔滔雄辩更有杀伤力。

正话反说，跌宕曲折中打动他人

说出的话所表达的真正意义与字面意思完全相反，字面上为肯定，而意义上为否定；或字面上为否定，而意义上为肯定。二者对照，反差很强烈，既形成了谐趣，又具有特殊的说服力。

在幽默语言技巧中，反语以语义的相互对立为前提，依靠具体语言环境的正反两种语义的联系，把相反的双重意义以辅助性手段如语言符号和语调等衬托出来，使人由字面的含义悟及其反面的本意，从而发出会心的微笑，间接接受说话者的意见。

反语看似荒诞不经，但从深层次上理解，它传达出另一层意思，虽不明言，却了然于心，是用含蓄和耐人寻味的幽默意境说服他人的重要语言手段之一。

齐景公好打猎，喜欢养老鹰来捉兔子。一次，烛邹不慎让一只老鹰飞走了，景公下令把烛邹推出斩首。晏子知道了，去拜见景公，说："烛邹有三大罪状，哪能这么轻易杀了他？请让我一条一条地数落出来再杀他，可以吗？"齐景公说："可以。"晏子指着烛邹的鼻子说："烛邹！你为大王养鸟，却让鸟逃走了，这是第一条罪状；使得大王为了鸟的缘故又要杀人，这是第二条罪状；把你杀了，天下诸侯都会怪大王重鸟轻士，这是第三条罪状。"齐景公听后，对晏子说："别说了，我知道你的意思。"

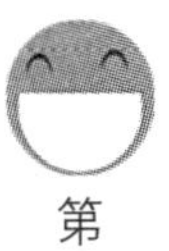

晏子的本意是想救烛邹，但却没有替他说情，反而数落他的三条罪状，仿佛要致烛邹于死地而后快，殊不知，事实上却是这三条罪状反而救了烛邹的命。原来，晏子救烛邹，不是单刀直入，向齐景公说情，而是采用另辟蹊径之法，表面上是给烛邹加罪，实则是为其开脱，并委婉地批评齐景公重鸟轻士，这样既避免了说情之嫌，又救了烛邹；既指出了齐景公的错误，说服齐景公，又不丢齐景公的面子。可谓正话反说，一箭双雕，读之品之趣味横生。

美国的妇女习惯于把自己说得年轻，但有一位夫人已经两鬓斑白，满脸皱纹，有一次却对一位新结识的朋友说："你知道吗？我和我妹妹加起来一共六十六岁。"她的朋友马上惊叫起来："哎哟哟，难道你把一个这么小的妹妹丢在家里，就放得下心吗？"

这句反话显然在暗示老夫人撒谎，由于说得幽默，连老夫人听了也不禁笑起来。

但反语幽默一般有一定的攻击性。如果有攻击性，就要注意分寸，主要是考虑对方与你的关系是否经得住这种幽默。此外还得考虑场合和其他条件。有时同样一句话在一种场合下可以讲，在另一种场合下就不能讲；对同样一个对象在他心平气和时能讲，在对方心情很差时就不能讲。在给他人意见，特别是尝试着去说服他人时，要尤其注意，否则很容易帮倒忙。

如陪同一个较肥胖的同事去买衣服，她偏偏看上了一件紧身外套，而那件外套穿在她身上实在不敢恭维，人们常常会用带有幽默语气的话戏谑说："天啊，这件衣服相对于你来说太苗条了！"若是关系较好的闺密，那对方会嗔怪地笑起来。如果是不太熟悉的同事，可能面子上就挂不住，更不要说接受你的意见了。

准确地把握对方的心境和所处的环境，同时把握自己说话的分寸，是有幽默感的人的重要修养，如果在这一点上粗心大意，不但幽默不起

来，反而可能冒犯了对方的自尊心，弄僵彼此间的关系，达不到幽默的初衷。

诙谐风趣，温暖的笑语里饱含劝慰

林肯说："我的确讲过许多故事，在我长期经验中，发现一般人对以幽默作为媒介的表达，更容易受到影响。"

幽默力量是属于个人的，是一个人在人生中所扮演的角色所拥有的。这种力量使得人们能够洒脱地摆脱困境，也使得人们能够自由自在地表现自己，表达想法，并表露感受，得以自由地去冒险，表现不平凡的作为，创造有意义的人生。

有些时候，人们需要表达对他人的仁爱、同情和安慰，但是这种表达如果使用的方法不当，反而会使我们安慰的对象感觉是在可怜他们，因而使自己友善的表达收到相反的效果。这时，不妨运用幽默的方法，看看效果如何。

一个酷爱打保龄球的人一脸沮丧地对他的朋友说："真不行，我的医生上周对我说，我这个月不宜打保龄球。"他的朋友回答说："哦，别担心，他一定跟你较量过，所以才给你这样的忠告。"

这位朋友的"他一定跟你较量过"既含蓄地说明要听从医生的嘱咐，表达了劝慰之意，又暗含"医生肯定输给你了，所以才建议你这个月不宜打保龄球"的意思，间接表达了对友人高超球技的赞誉。友人自然是领会了他的好意。

对朋友的仁爱之情、安慰之意通过幽默的手法委婉曲折地表达出来，既不会对朋友的自信心造成伤害，又很好地表达了自己的意愿。生病的人最需要安慰，安慰病人也确实有些讲究。说些善意的祝愿：“好好休息吧，你不久一定会康复的！”或直接询问病人的详细病情和调治方法，这些都是我们常见的。如何才能给病人最恰当的安慰呢？

有一个著名的作家，听说他的老朋友因旧病频频复发而第五次住院。于是提笔给老朋友写了一封信表示自己的安慰。信中他以自己战胜病魔的经过幽默地现身说法，可谓妙趣横生。信的内容如下：

“噢，老兄，你也被那里软禁了啊！这家监狱（指医院）我太熟悉了，因我曾经是这里的‘老犯人’，被‘关押’在此总共12个月，对这里的各种‘监规’了如指掌。我‘沉着应战’，毫不气馁。

有时，我自己提着输液瓶上厕所，被病友称作‘苏三起解’；有时三五天不吃饭，被医生称作‘绝食抗议’；有时接连几天睡不着觉，就干脆在床上‘静坐示威’。三百多个日日夜夜，我就这样‘七斗八斗’斗过来了。如今我不是已经‘刑满释放’了嘛！你尽管是‘五进宫’，只要像我这样‘不断斗争’，就一定会大获全胜！”

这封信看得老朋友呵呵大笑，心情也轻松起来，病似乎也轻了几分。由于语言的表现风格与表现方法不同，关照的语言、劝慰的语言、激励的语言和幽默的语言对调节情绪起着不同的效果。被病魔缠身的人格外需要欢快的笑声，所以安慰别人时幽默就更重要。

同样，假若某人因工作劳累生了病，卧床不起，他的朋友就应该说：“你多么幸运啊，唯愿我也生点病，好让我也能安静地躺在床上休息几天。”这种用幽默的语言安慰病人的方法，往往会取得良好的效果。

马克不久前生了一场重病，显得异常憔悴。他皱着眉头向来看他的朋友抱怨：“我越来越老了。”他的朋友戏谑地说：“马克别担心，过去别人总问你：‘为什么你还不结婚？’现在到是省心了，因为他们会问：

'你当年怎么会不结婚的呢?'"马克捧腹大笑。

朋友当然不能直接告诉他，他看起来确实是老了不少。但也不能违心地说："不，你还年轻呢!"这会使马克有种别人因为他"年华逝去，还没有成家"被同情的感觉。朋友用幽默的语调既没有否认"老去"这一事实，又含有一定的鼓励：每个人都会老去，但苍老不代表痛苦，要更加快乐地生活。因为有了前者做铺垫，马克就更容易接受朋友的建议，积极乐观地生活。

话说"明"处，意藏"暗"（幽默）中

如果说语言是心灵的桥梁，那么幽默便是桥上行驶最快的列车。它穿梭在此岸与彼岸之间，时而鲜明时而隐晦地表达着某种心意，并以最快捷的方式直抵人的心灵，提升幽默者在社交中的说服力。

1946年5月，远东国际军事法庭审判以东条英机为首的28名日本甲级战犯，因为排定座次问题，10个参与国的法官们展开了一场激烈的争论。中国法官理应排在庭长左手的第二把交椅。可是由于我国国力不强，而被各强权国所否定。

在这种情况下，我国出庭的法官梅汝璈面对各国列强据理力争。他首先从正面阐明，排座次应按日本投降时各受降国的签字顺序排列，这是唯一正确的原则立场。正面讲完道理，还不能说服列强，他又运用了幽默战术。

只见他微微一笑说："当然，如果各位同仁不赞成这一办法，我们

不妨找个体重测量器来，然后以体重大小排座次，体重重者居中，体重轻者居旁。”

各国法官都忍不住地笑起来。庭长说：“你的建议很好，但它只适用于拳击比赛。”梅汝璈法官接着说：“若不以受降国签字顺序排座，那还是按体重排好。这样纵使我被置末位也心安理得，并可以对我的国家有所交代，一旦他们认为我坐在边上不合适，可以派一个比我肥胖的来换我呀。”这话令全场大笑起来。

梅汝璈法官的幽默有很强的讽刺性。在这个举世瞩目的国际法庭上竟要按体重来排座次，真是荒唐之极。这个荒唐的提议虽然引人发笑，但是能够有力地说明各国列强在以强凌弱，蛮不讲理。这种幽默的方法比正面讲理更有说服效果。

同样，在商业谈判中，价格问题是最关键的一点。双方常常在这个问题上争执不休，相持不下，都想最大限度地争取到有利于己方的价格。如果能够以幽默的方式来表达，将自己的真实意图蕴藏于诙谐语言中，或许会取得意料之外的成功。

世界上第一位女大使柯伦泰曾经被任命为苏联驻挪威全权贸易代表。一次，她和挪威商人谈判购买挪威鲱鱼。挪威商人出价高得惊人，她的出价也低得使人意外。双方开始讨价还价，在激烈的争辩中，双方都试图削弱对方的信心，互不让步，谈判陷入僵局。最后柯伦泰笑笑说：“好吧，我同意你们提出的价格。如果我的政府不批准这个价格，我愿意用自己的工资来支付差额。但是，这自然要分期支付，可能要支付一辈子。”

挪威商人在这样一个谈判对手面前没办法了，只好同意将鲱鱼的价格降到柯伦泰认可的水准。柯伦泰用了“醉翁之意不在酒”的方法，她表面同意了对方的要价，用幽默的语言嗔怒着表示“个人可能要分期支付一辈子”，其实只是为了让对方明白，这样的高价苏联政府根本不会批准，即使她个人让步也是没用的，从而讨价还价成功。

似愚似傻，获取他人的谅解和赞同

如果我们无意中犯冒了他人，或使自己陷入窘境，似愚似傻的几句幽默可以帮我们获取他人的同情、谅解和赞同。

有时候，人们难免会犯错或者欺骗他人。在犯了错误受到谴责的时候，总是希望得到他人谅解，这时，自己承认错误时的表达方式就尤为重要。

有3个人到纽约度假。他们在一座高层宾馆的第45层订了一个套房。一天晚上，大楼电梯出现故障，服务员安排他们在大厅过夜。他们商量后，决定徒步走回房间，并约定轮流说笑话、唱歌和讲故事，以减轻登楼的劳累。笑话讲了，歌也唱了，好不容易爬到第34层，大家都感觉精疲力竭。

这时约翰说："我突然又想起一个故事，这个故事不长，只有几个字，却令人伤心至极：我把房间的钥匙忘在大厅了。"相信他的两个朋友听了约翰的"故事"后，不会刻意加以指责。

一个妇人打电话给电工："喂，昨天请你来修门铃，为什么到今天还没有来?"电工答道："我昨天去了两次，每次按门铃都没有人出来开门，我只好走了。"

人们听后肯定会轻松地一笑，其意绝不在讽刺电工的服务态度，电工的愚笨反而使我们觉得可爱，进而谅解他的工作失误。

守林人在林中抓到了一个狩猎者。“你在干什么?”守林人声色俱厉地问道,“春天这片树林是严禁狩猎的,你难道不知道吗?”

“这我知道,”狩猎者说,“可我实在是因为遇到了一件不幸的事,想来这里自杀的。只是因为开枪时手抖得很厉害,不知怎么,子弹竟误落到了野鸭身上。”

心理学中有一条规律:我们对别人表现出来什么样的态度和行为,对方往往会作出同样方式的反应和回答。西方有句谚语说得好:“把对方想象成天使,就不会遇到魔鬼。”当无意犯错或者损害他人的利益时,更应该以积极的幽默态度来和对方交流,以争取对方的理解和支持。同样,当自己不幸陷入窘境时,适时自我解嘲一下,也可以取得不错的效果。

有一位老牧师从未坐过飞机。一次,因为有要事,不得不乘坐飞机到另外一个城市。在飞机上,老牧师两手紧紧地抓着座椅的扶手,大腿上摆着《圣经》。可以看出,他非常紧张。

这时,一位空中小姐走过来,见他这个样子,就倒给他一杯酒:“牧师先生,您喝了这杯酒后感觉会好一些。”老牧师一阵窘迫,他看了空中小姐一眼说:“我们现在距离地面多高?”

空中小姐说:“我们正在两万英尺的高空上。”老牧师看了窗外一眼,又说:“哦,那还是先不喝了,这里离上帝太近了。”周围的乘客因老牧师的这句话都笑了起来。

老牧师因为自己“从未做过飞机”而羞赧,为了含蓄谢绝空姐的好意,同时不使自己被他人嘲笑为固执,就借“离上帝太近,不能喝酒”为理由进行了自我解嘲。

雷莉·布丝是美国20世纪50年代的著名女演员。在一次重大的颁奖活动中,她急步登台,没想到在台阶上绊了一下,险些跌倒在地,全场观众都为她吃了一惊,有些人甚至笑了起来。只见她不慌不忙地稳住

了身体，站在舞台中央，平静地说：“女士们，先生们，你们刚才看到了，我是经历了什么样的坎坷才站到今天这个台上的。”

全场观众顿时掌声如潮。这位女演员所要讲的内容，可能事先排练过数十遍，轻车熟路，但这句话的分量是最重的，它使人们看到了她的机智和幽默，最终获得了众人的认可。

幽默建议，比直截了当更易被接受

法国著名演讲家海因·雷曼麦曾说过：“用幽默的方式说出严肃的真理，比直截了当地提出更能为人所接受。”

在生活中我们会有这样的感受，同样的建议，用幽默的方式提出来会比直截了当更能为人所接受。在马来西亚的一些城市，交通安全标语就用亲切幽默的语言向人们宣传安全行车的道理。比如，交通安全周贴出这样的一个标语：“阁下，驾驶汽车，时速不超过 30 公里，可以饱览本市的美丽景色；超过 60 公里，请到法庭做客；超过 80 公里，欢迎光顾本市设备最好的急救医院；上了 100 公里，祝君安息吧！”所以在马来西亚很少有人超车。

秦朝的优旃是一个有名的幽默人物。有一次，秦始皇要大肆扩建御园，多养珍禽异兽，以供自己围猎享乐。这是一件劳民伤财的事，但大臣们谁也不敢冒死阻止秦始皇。这时能言善辩的优旃挺身而出，他对秦始皇说：“好，这个主意很好，多养珍禽异兽，敌人就不敢来了，即使敌人从东方来了，下令让麋鹿用角把他们顶回去就足够了。”秦始皇听

了不禁破颜而笑，并破例收回了成命。

优旃之所以成功地劝服秦始皇，主要是使用了幽默的力量。他的话表面上是赞同皇上的主意，而实际意思则是说如果按皇上的主意办事，国力就会空虚，敌人就会趁机进攻，而麋鹿是没有能力用角把他们顶回去的。这样说话方式，因为字面上赞同了秦始皇，优旃足以保全自己；而真正的含义，又促使秦始皇不得不在笑声中醒悟，从而达到了他的说服目的。

生活中人们常说的一句话是："有事请直说吧!"但是不见得所有的"直说"都能够被接受，有时候直说是要分场合和时间的，特别是在指出别人不足或者请求别人帮助时。倘若能利用幽默夸赞的方式进行沟通，把所要表达的想法蕴藏其中，那么其传达的信息会在笑声中更易被接受。

有一位老同志向所居住小区的管理员反映楼上的小伙子生性好动，晚上也不闲着，他在楼下睡不好。直接去找，又怕小伙子不高兴。

小区管理员就在一次和小伙子闲谈时讲了一则笑话暗示他：有个老头老失眠，每晚都很难入睡，而楼上住了一个经常上晚班的小伙子。小伙子每天下班回家，双脚一甩，鞋子"噔""噔"两下，重重地落在地板上，每次都将很不容易才入睡的老头惊醒。老头提了意见，当晚小伙子下班回来，习惯性地甩出了一只鞋，刚甩出第一只鞋后，他意识到不应当，便轻轻地脱下了第二只鞋。第二天一早，老头埋怨小伙子说："你一次将两只鞋甩下，我还可以重新入睡，你留下一只没有甩，害得我等你甩第二只鞋等了一整夜呐!"

管理员的笑话才说完，小伙子就明白笑话是有所指的，意识到自己的不足之处。管理员用这种方法巧妙地暗示小伙子，取得的效果远比他把小伙子叫到身边直接告诉他，晚上回来动作轻一点儿，不要打扰别人休息要好得多。

人的一生时时刻刻都需要语言的帮助，学习知识、人际沟通、情感交流，处处都离不开语言的传递。一个在生活中受人爱戴、在交往中受人欢迎、在事业上受人尊重的人，必定是一个说话讲艺术、幽默风趣的人。

软化锋芒，给批评穿上幽默的外衣

软化批评锋芒的最好方法就是采用幽默的言语做掩饰，这样能使批评说服的过程更曲折、更间接，更容易达到说服的效果。

在原则性的对抗中，能寸步不让，又能带上幽默的色彩，这种幽默属于硬性幽默。但是对原则的坚持并不一定要锋芒毕露，收敛锋芒而又英气逼人才显出幽默的威力。

一个画家去拜访德国著名画家阿道夫·门采尔，向他诉苦："我真不明白，为什么我画一幅画用了一天工夫，可是卖出去却要一年？"门采尔认真地说："请倒过来试试吧，亲爱的！如果你花一年工夫去画它，那么只用一天工夫就准能卖掉。"

门采尔本来是批评这位画家作画粗制滥造的，可是用了一种建议的、假定的语气来表述，特别是用了"倒过来试试"这样俏皮的话语，就把批评说服的锋芒收敛在温和的语气之中了。

绝对硬性的幽默是没有的，因为幽默之所以成为幽默就是因为它是软的、含蓄的、轻快的。

有个向导，陪伴一位法官去打猎。回来时，有人问他："法官今日

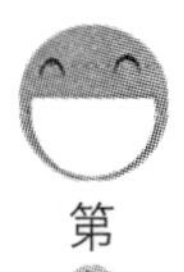

收获如何?”“法官枪法高明,” 他回答,“只是上帝对于飞鸟特别仁慈。”

有时幽默的语言也会给批评增加说服的力量。鲁迅一向倡导写作要文风简练，多余的话一句也不多说。他在给北大学子的一堂课上讲了这样一个事例：

西班牙有一个守礼甚谨的伯爵快要死了。一位朋友去看他，伯爵已经气都喘不过来，但是那位访客还在喋喋不休地说着。伯爵只好忍着静听，到了最后关头，伯爵不耐烦地对来客说：“对不起，请求先生原谅，就让我现在断气吧。”说完就断了气。

鲁迅先生借这个故事巧妙地软化了自己对“冗长拖沓”的批评，不伤及在场学生的面子，又有很强的劝服效果。

川岛是鲁迅先生的朋友，在北大就读时常常花大量的时间沉湎于谈情说爱，以至于功课落下不少。鲁迅在送给川岛的《中国小说史略》扉页上写了这样一首小诗：

请你
从“情人的拥抱里”
暂时伸出一只手来
接收这干燥无味的
中国小说史略

小诗语言诙谐，鲁迅略带责备地批评川岛荒废学业。鲁迅用了幽默的语言，就使得川岛容易接受他的批评说服了。

幽默者也常常使语言带上玄虚感，让听者一下子摸不着头脑，把批评说服的锋芒藏在其中，达到不伤面子又余音绕梁的效果。

一位打扮时髦的富商妻子来拜访一位名作家。她想知道的是如何开始写作，其最好的方法是什么。“从左到右。”作家回答。

表面上顺顺当当地做了回答，实际上等于没有回答，这意味着这个问题根本不值得回答，这批评的锋芒被“从左到右”的毫无实用价值的

玄虚话语掩盖了，其中暗含着劝告富商妻子“若想写作，必须好好打基础”的含义。

软硬兼施，曲尽其妙，才是幽默说服的高级境界。

曲意表达，点到为止

曲意表达是不把所有的意思和盘托出，而是把本来可以直说的话，故意含蓄地表达出来，使别人易于接受。

说话有尺度，交往讲分寸，办事讲策略，行为有节制，别人就很容易接纳你、帮助你、尊重你、满足你的愿望。忠言逆耳，在你试图说服和劝诫别人的时候，你的一句话可能赢得他的尊敬，也可能使你自己遭受他强有力的反击。因而，在劝说别人或提出自己的想法时，要注意策略和技巧，慎之又慎，曲意表达，点到为止。

有一位母亲，脾气很暴躁。一天吃饭，她的小儿子刚吃了一口菜，便说：“好苦，好苦！”母亲很生气地说：“那你就别吃菜了，只喝汤就行了。”

不一会她的大儿子也来吃饭，问母亲为什么罚弟弟只喝汤不吃菜。母亲回答：“我做的饭菜明明新鲜可口，这孩子偏说是苦的，你说该不该罚他？”

大儿子说：“让我来尝尝。”大儿子吃了一口菜，笑着对母亲说：“您也罚我只喝汤吧！”母亲顿时一愣，继而会心一笑。

母亲本以为大儿子会顺着她说话，而大儿子却机智地运用曲意表达

的技巧，幽默地表达出母亲做的菜确实是苦的，点到为止，使母亲在会心一笑的同时认识到自己的错误。

一般说来，争辩中占有明显优势的一方，千万别把话说得过死过硬，即使对方全错，也最好以曲意表达之言暗示他，迫使对方认错道歉，从而体面地结束无益的争论。

作者：“王主编，我这篇散文写得怎样？”

编辑：“写得太好了，水平相当高，完全可以发表。不过，有个地方须略微改动一下。”

作者：“真的吗？那么劳驾您帮忙修改一下吧！”

编辑：“只要将您的名字改成刘白羽就行了。”

这里编辑采用幽默的方式既曲折地表达出了自己的意见，又给作者留了面子。如果编辑直白地说“你的文章完全是照抄刘白羽的”，虽然很简洁，意思也能表达得很清楚，但是这样说就过于直接了，也过于一本正经了，会明显伤害作者的脸面和自尊，作者也不见得会心平气和地接受。

一位顾客在一家餐馆就餐时，发现汤里有一只苍蝇，不由得大动肝火。他先质问服务员，对方全然不理。后来他亲自找到餐馆老板，提出抗议：“这一碗汤究竟是给苍蝇的还是给我的，请解释。”那老板只顾训斥服务员，也不理睬他的抗议。他只得暗示老板：“对不起，请您告诉我，我该怎样对这只苍蝇的侵权行为进行起诉呢？”那老板这才意识到自己错了，忙换来一碗汤，谦恭地说：“你是我们这里最珍贵的客人！”

这个顾客借用所谓苍蝇侵权的类比之言暗示对方：“只要道歉，我就饶恕你。”这比直接的抗议还要有效，也易于被别人接受。

置身其中，用幽默的话劝导他人

要想劝导成功，除了用理、用情之外，还要求方法要正确、巧妙，丝丝入扣、娓娓道来，更能深入人心。

劝导，在我们工作、生活中随处可见。它犹如一盏明灯，使知识欠缺者增加见闻；它像一座警钟，使濒临深渊者迷途知返；它又好比一副清醒剂，使思想偏激者冷静思考；它更是一座友谊的桥梁，有助于交流双方的沟通和理解。

大家都有这样一种感受，只有发生在自己身上的事情，才有最全面最深刻的感受。如果置身事外，任凭说服者口吐莲花，也很难为之所动。所以，在说服他人的过程中，如果能让对象置身其中，再加以幽默婉转的语言，那么一定会收到事半功倍的成效。

有位贪吃的太太，每天各种食品不离口，致使消化不良。她拖着肥胖的身体去求医，医生问明来由点了点头。她问："开点什么药最好？"医生除了开点助消化的药外，对她说："亲爱的，我太太也曾生过这样的病，她的医生送了一剂开胃药给她，很是有效。"

胖太太很高兴："太好了，是什么？""我把它也送给您吧。"医生说，"塞万提斯的一剂名药——饥饿是最好的开胃药。"胖太太会意地笑了。

医生在开完药后，举出自己太太的例子，使胖太太有种"遇知音"的亲切感，而后用幽默的方式劝导胖太太，既避免了涉及与"胖"有关

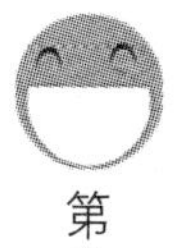

的话题，又婉转表达出“少吃”的忠告，因为把胖太太置身其中，所以取得很好的劝导效果。

果戈理在《剧场门口》中所说：“在冷静的笑的深处，可以发现强大的、永不磨灭的爱的炽热的火花。”幽默风趣之所以让人感到温暖、亲切，感到有说服力，是由于幽默者运用幽默语言巧妙地把对方置于说服语言之中，使其感同身受。

儿子：“妈妈，我们学校的一个男老师爱上了一位普通工人。”

妈妈：“这是一件好事啊，爱情中人人平等，这是一种超越物质的爱情，在现在这种浮华的社会里实属难能可贵。我要马上把这件事写成一个剧本，好好宣传一下。”

儿子：“你们当作家的就喜欢挖掘这种题材，连这件小事也值得写进剧本里？”

妈妈：“虽然现在是21世纪了，但有些人还是有‘门当户对’的老观念，像这样勇于冲破传统习俗的男孩子，应该好好地宣传。”

儿子：“妈妈，如果你是这个女孩儿，你会义无反顾吗？”

妈妈：“当然了，这真是令人感动的真爱！”

儿子：“真的吗？妈妈，这个老师就是我。”

妈妈：“什么？是你，是谁同意你这么做的？”

儿子：“妈妈，你刚才不是很赞同‘我’的做法吗？”

妈妈无言以对，只得同意。故事中的“儿子”很巧妙地把妈妈这个冷漠的旁观者摆进了自己的故事里，也就超越了故事，说服了妈妈。

一个人一旦置身于别人勾画的框架中，就很容易顺着他的话走。有了说服对象这种热乎乎的心肠，即使说话者的言语可能是尖锐的，对象却不感到刻薄；说话者的言语是俏皮的，对象却不觉得风凉。说服对象始终被一种“感同身受”的心态驱使着，能深入体会说话者的良苦用心，也就很容易接受他的意见。

第七章

用幽默作为困境中反击的武器

人生可能遭遇各种困境。对于困境你也许无能为力，但至少可以静静接受——用一种幽默的态度。因为幽默展示乐观，它可以让我们在艰难困苦中渡过难关；幽默产生智慧，它可以让我们在困境中游刃有余。

答非所问，反守为攻

答非所问指答话者故意偏离逻辑规则，不直接回答对方提问，而是在形式上响应对方问话，通过有意的错位，造成幽默效果。

在现代社会中，生活步调紧凑忙乱，每个人都背负着一定的社会责任和压力，很容易陷入社交的困境中，说话者可以运用“答非所问”的幽默技巧巧妙扭转不利于己的局势。答非所问并不是逻辑上的混乱，而是用假装错误的形式，幽默地表达潜在的意思。

只有学会困境中的幽默，才能淡定地看待一切，用“幽默心、浪漫情”来走出艰难境地，才会有“宠辱不惊，闲看庭前花开花落；去留无意，漫随天外云卷云舒”的境界。我国作协名誉副主席邓友梅就是一位善于答非所问，以幽默的话语来调解纠纷、化解矛盾的人。

几位评委在一次评奖中发生争论，拍着桌子说如果某部作品评上奖，他们就辞去评委职务当即退席。会场气氛立马紧张起来，大眼瞪小眼不知如何是好。邓友梅不做任何回应，只是把挂在桌角的拐杖拿起来，耸了耸肩说：“我有点犯痴呆了，先休息一会儿行吗?”

休息完再进会场，他的拐杖一步一个点儿，笑眯眯地放了重话：“我想明白了，投票选哪个作品是评委神圣的权利，别人无权反对；当不当评委也是各位的权利，别人也无权反对；投谁的票自己决定。当不当评委也由各位自己决定。我一律尊重你们的选择，上午的会到此结

束，自愿退出评委的同志下午可以不来了。”午饭时还见几个人叽叽喳喳小声谈论，下午却一个人也没少。一场可能造成麻烦的“事件”，竟被邓友梅那一句痴呆、一根拐杖，几分钟就化解了。

生活中总会遇到一些意料之外的困境，直接回答或许会导致矛盾进一步激化，不能很好地解决问题，最好的办法是巧用幽默利剑，婉转化解。

一个冬晨，郊区开来的火车到站时又晚了25分钟，一位焦躁的旅客问列车长，这次又是什么缘故。列车长说道，“碰到下雪，火车难免误点的。”“可是今天并没有下雪啊。”旅客说。“不错，”列车长说道，“可是，根据天气预报今天下雪。”

虽然列车长并未回答旅客的问题，相信听了列车长的话，旅客一定生不起气来了，这就是幽默的力量所在。

幽默是人际关系的润滑剂，更是化解困境的有力武器，利用幽默表达对对方的不满，也不失为一种好方法。

在某饭店，一位喜欢挑剔的女士点了一份煎鸡蛋。她对女侍者说：“蛋白要全熟，但蛋黄要全生，还必须能流动。不要用太多的油去煎，盐要少放，加点胡椒。还有，一定要是一个乡下快活的母鸡生的新鲜蛋。”

“请问一下，”女侍者温柔地说，“那母鸡的名字叫阿珍，可合您心意？”

面对爱挑剔的女顾客，女侍者没有直接表达对对方所提苛刻要求的不满，却是按照对方的思路，提出一个更为荒唐可笑的问题，以提醒对方：你的要求太过分了，我们无法满足，从而幽默地表达了对这位女顾客的不满。

答非所问很讲究技巧，抓住表面上某种形式上的关联，不留痕迹地闪避实质层面，有意识地中断对话的连续性，避开正面锋芒，求得出其

不意的反击，幽默旨在另起新灶，跳出被动局面的困扰。

在一次联合国会议休息时，一位发达国家外交官问一位非洲某国家大使："贵国的死亡率一定不低吧？"非洲大使答道："跟贵国一样，每人死一次。"

外交官的问话是对整个国家而言，是通过对非洲落后面貌的讽刺来进行挑衅。大使没有理会外交官问话的要害点，而故意将死亡率针对每个人，颇具匠心的回答，营造着别样的幽默效果，有效地回敬了外交官的傲慢，维护了本国尊严。

第二次世界大战期间，德国一法西斯头目戈林问一瑞士军官："你们能参加战斗的有多少人？""50万。"瑞士军官答道。戈林面露鄙视之情，说："如果我们派百万大军进入你们国境，你们该怎么办？""那我们就每人打两枪。"

面对法西斯的狂妄之言，瑞士军官并没有退缩，在军事这一严肃的话题上，他没有直接回答对方的问题，而是采用幽默的技巧，狠狠地回击了对方。

随机应变，扭转局势

幽默话语以其委婉的表达、丰富的内涵和深刻的寓意，往往能在危急关头帮助人们缓和矛盾，甚至是化险为夷。

有人说，人生是一篇错误的记录史。此话虽有些偏颇，但也有一定道理。自己的失态，别人的刁难，随时都能使人陷入尴尬境地。贤明的

先人给我们一个很有智慧的建议，“败军之将，不可言勇”。即保持沉默是落败者的上策。但在当今竞争激烈的时代，一味地沉默退让，极易给人以懦弱无能的感觉，使情况越变越糟。倘能适时幽上一默，可能会立即从困境中解脱出来，反败为胜，带来意想不到的效果。

法国哲学家伏尔泰是一个人见人爱的幽默高手。1727 年英法战争期间，伏尔泰恰巧正在英国旅行。谁知道英国人竟不分青红皂白，把当代的大哲学家伏尔泰抓住了。“把他吊死！快点把他吊死！”英国人怒气冲冲地大叫。

伏尔泰被抓起来送往绞刑台上时，他的英国朋友纷纷赶来替他解围。他们紧张而又急切地喊道：“你们不能将他处死，伏尔泰先生只是个学者，他从不参与政治！”“不行，法国人就该死！把他吊死。”那些群众还是不停地怒骂着。

在双方争执不下的时候，伏尔泰举起了双手，悄声说：“可不可以让我这个将死之人说几句心里话?”全场突然安静了下来。

伏尔泰对群众深深鞠了个躬，清了清嗓门，说道：“各位英国朋友！你们要惩罚我，因为我是法国人。以各位的聪明才智，不难发现，我生为法国人，却不能生为高贵的英国人，难道对我的惩罚还不够吗?”说完，英国人全都哈哈大笑了起来。这番诙谐幽默竟让伏尔泰死里逃生，他被当场释放了。

法国著名戏剧作家莫里哀说：“随机应变的回答是一个机智的人的试金石。”所以说，不论准备在应对中用什么形式，都应该在心中想想你的话对对方会产生什么影响。就像许多情绪会让你想起一句机智语一样，一句机智敏捷的话语，也会激起他人的某种情绪。用幽默的语言来回答那些挑衅性的问话，有时会远比直接驳斥取得更好的效果。

爱迪生致力于制造白炽灯泡的时候，有人曾取笑他说：“先生，你已经失败了 1200 次了。”爱迪生回答说：“我的成功就是发现了 1200 种

材料不适合做灯丝！”说完，他自己就哈哈大笑起来。爱迪生的幽默答话化解了自己的困境，也使对方说不出什么挑衅性的话来了。

在一个有众多名流出席的晚会上，已失去昔日风采、鬓发斑白的巴基斯坦影坛老将雷利拄着拐杖蹒跚地走上台来就座。主持人开口就问道：“您还经常去看医生？”“是的，常去看。”“为什么？”“因为病人必须常去看医生，医生才能活下去。”此时，台下爆发出热烈的掌声，人们为老人的乐观精神和机智回答喝彩。

主持人接着问：“您常去药店买药吗？”“是的，常去。因为药店老板也得活下去。”台下又是一阵掌声。“您常吃药吗？”“不，我常把药扔掉。因为我也需要活下去。”台下再次大笑。主持人的追问可以说是咄咄逼人，雷利的随机应变更是句句幽默到位，令在场的所有人对他的超人智慧和豁达品质肃然起敬。

可以想象，一般人如果面对这样不舒服的追问，肯定会生气、反驳，甚至是发怒，更何况曾经是影坛巨星。而雷利巧妙的幽默回答，既不使自己处境艰难，又有力地回击了主持人的挑衅，还恰到好处地维持了现场愉悦的气氛，堪称幽默艺术的极致！

自我解嘲，脱困真功夫

适时适度的自我解嘲，不失为一种良好修养，一种充满魅力的交际技巧，一种保全自身的上策。

古语有：“十有九输天下事，百无一可意中人。”意思是说在人的一

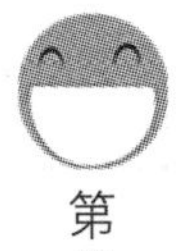

生难免会遇到危难、困境，难免会感到孤独、寂寞，碰到诸多不顺心之事。幽默一直被人们称为只有聪明人才能驾驭的语言艺术，而自嘲又被称为幽默的最高境界。由此可见，能自嘲的幽默者必须是智者中的智者，高手中的高手。自嘲能够通过自我的适度调节，对不幸的事情一笑置之，使自己轻松下来，用正面心态面对困境。

林肯的老婆出了名的泼辣，常破口骂人。有一天，一个十二三岁的送报小孩不识路耽误了送报的时间，遭到林肯太太的百般责骂。小孩去向报馆老板哭诉，说她不该骂人太甚，还发誓以后都不到林肯家送报了。于是老板向林肯提起了这件小事。林肯说："算了吧！我都已经忍她十多年了，这个小孩偶然挨骂一两顿，算得了什么呢?"林肯的自我解嘲功夫了不起。

不过，"塞翁失马，焉知非福"，据林肯所在小城的律师同事赫恩顿写的传记说，林肯以后能成为总统，应该归功于他的太太。因为林肯为躲他太太不愿回家，常常去酒吧，而他那简练机警、应对如流的口才，全是在酒吧里学来的。

在人前蒙羞，处境艰难时，用自嘲来对付窘境，不仅能很容易地为自己找到台阶，而且多会产生幽默的效果。还不会伤害任何人，最为安全。

传说古代有个姓石的学士，一次骑驴不慎摔在地上，一般人一定会不知所措，可这位石学士不慌不忙地站起来说："亏我是石学士，要是瓦的，还不摔成碎片?"一句妙语，说得在场的人哈哈大笑，自然这石学士也在笑声中免去了难堪。

自嘲，能活跃谈话气氛，消除紧张，制造宽松和谐的交谈气氛，能使自己活得轻松洒脱，更有效地维护面子，在公共场合获得人情味，建立起新的心理平衡。因为当在取笑自己的失误和弱点时，也同时向人们证明，不必为生活琐事中的不如意而烦恼。幽默能够帮助自己和周围的

人们卸下心头的负担，好好地享受生活。

还在担任《正大综艺》节目主持人时，杨澜曾被邀请到广州市天河体育中心担任演出的主持人。演出快到一半时，她在下台阶时摔了下来。这种情况的出现确实令人难堪。但杨澜非常沉着地爬了起来，凭着她主持人特有的口才，对台下的观众说："真是人有失足，马有失蹄呀。我刚才的狮子滚绣球的节目滚得还不熟练吧？看来这次演出的台阶不那么好下哩！但台上的节目会很精彩的，不信，你们瞧他们。"

杨澜这段自我解嘲式的即兴"演讲"非常成功，不但为自己摆脱了难堪，更显示出了她非凡的口才。以致她话音刚落，会场就立刻爆发出热烈的掌声。有的观众还大声说："杨澜，广州欢迎你！"

自嘲是缺乏自信者不敢使用的技术，因为它要你自己贬低自己。也就是要拿自身的失误、不足甚至生理缺陷来"开涮"，对丑处、羞处不予遮掩、躲避，反而把它放大、夸张、剖析，然后巧妙地引申发挥、自圆其说，取得一笑。可想而知，自嘲，没有豁达、乐观、超脱的心态和胸怀，是无法做到的。

贴切比喻，巧妙解困

比喻之所以能造成幽默氛围，是由于它往往用意料之外又在情理之中的话语，使人获得"豁然贯通"的美感和享受，或是混淆崇高与鄙俗的区别，使得情感郁积得到巧妙释放，从而转化为幽默的笑。

幽默所采用的比喻手法和一般修辞意义上的比喻在审美要求方面是

截然不同的。一般的比喻以贴切、神似、谐调为原则，但幽默则反其道而行之，刻意追求由反差过大或因对比荒谬所造成的不协调。

在莫里哀的喜剧《太太学堂》里，阿南向人解释人为什么“吃醋”，为什么生气。他说：“你端着一碗汤要喝时，来了一个饿鬼，非要喝掉你的那碗汤，你不单生气，还要揍他，你说对不对?”众人点头，阿南接着说：“吃醋完全跟这一样，女人就如同男人的一碗汤。一个男人看见别人想尝尝他的汤，就会马上大发雷霆。”听者恍然大悟。

幽默艺术在运用中，本体、喻体和喻词之间的差距极大，褒贬色彩也截然不同，含蓄而又出人意料的比喻常能给人以意料之外、情理之中的感觉，产生意味深长、让人忍俊不禁的幽默效果。

在美国历史上，有一位刚烈的支持废除奴隶制的领袖叫杜波依斯，他同时也是一位杰出的作家。在对待奴隶制的问题上，他被人赞誉为“伟大的瞭望者”。有一次，他正在演讲中阐述自己的观点，有几个奴隶主想用“嘘……嘘……”声压倒他的声音。杜波依斯提高了嗓音向听众们大声喊道：“绅士们，你们听到这些声音了吗？这就是真理的甘霖洒落在地狱的火焰上发出的声响!”

杜波依斯的比喻包含着丰富的内容，他把废奴主义比喻为“真理的甘霖”，而把奴隶主的蓄奴主义比喻为“地狱的火焰”，爱憎分明而不失幽默。

曾经当过英国首相的麦克唐纳同一位政府官员讨论持久和平的可能性。这位政府官员冷嘲热讽地说：“要求和平的愿望不一定能保证和平。”麦克唐纳说：“完全正确！要求吃的愿望也不一定能使你充饥，但至少可以使你向餐馆走去。”用吃饭来比喻和平闻所未闻，但用在此处不仅风趣贴切，而且具有独特的威力。

罗斯福用比喻法幽默来对付记者的难题也堪称一绝。1945 年，罗斯福第四次连任美国总统。美国一家著名报社的记者采访了他，请他谈谈

连任的感想。罗斯福没有正面回答，而是很客气地请这位记者吃一块三明治。记者觉得这是殊荣，便十分高兴地吃了下去。总统又微笑着请他吃第二块。记者觉得情不可却，又吃了下去。不料总统又请他吃第三块，他的肚子虽已不需要了，但出于礼貌，他还是勉强地吃了下去。谁知总统在他吃完之后又说："请再吃一块吧！"记者一听啼笑皆非，因为他实在吃不下去了。

罗斯福这才微笑着说："现在你不需要问我对于第四次连任的感想了吧，因为你自己已经感觉到了！"罗斯福用记者吃四块三明治的体会来比喻四次连任美国总统的体会，借比喻事例中的道理来深入浅出地说服对方，真是妙不可言。

化解指责，幽默圆场

面对他人指责时，如果能巧妙地幽默一把，不仅可以让自己迅速脱离困境，还可树立潇洒自如、幽默睿智的良好交际形象。

现实生活中，并不是处处都阳光灿烂，每个人都不免会遇到他人发难的时候。这时不但会感到脸上无光，心里别扭，下不了台，还觉得自尊心被伤害，个人形象受到影响，因而陷入窘境。

一个员工过生日，办公室的同事一起为他庆祝。吃蛋糕时，一个不太讲究细节的小伙子顺手就将用过的纸盘丢进寿星桌下的垃圾桶，寿星立即大声严厉抗议："不要丢在那里，会招蚂蚁的！"寿星脱口而出的一句指责，像迎面泼下的冷水，一时间所有的谈笑都消失了。

寿星的反应固然过度，但僵化的场面让大家都很不自然。惹事儿的小伙子补充说：“哪有的，我这是顺便找个借口，好帮寿星你倒垃圾桶啊！今天你是寿星嘛，我怎么敢在太岁头上动土呢！”

这么一来，场面虽然得到了缓和，但局势明显变成寿星误解了小伙子的好意，小伙子从困境中解脱了，寿星倒是吃了个哑巴亏，一脸不乐意，一场热闹的聚会不欢而散。其实在这种情况下，小伙子如果运用幽默的艺术，就能化解寿星的指责，收到巧妙圆场的效果。

他可以在被寿星怒吼的刹那，故意用大家都听得见的嗓门大声抱怨，“噢！那么小气啊，连一点奶油也不分给蚂蚁吃！”相信会四座哄堂大笑，寿星自然不会继续为难，尴尬的气氛也能顿时烟消云散。

在人际交往中，我们肯定会遇到一些意想不到的事情，与别人交谈发生矛盾争执时，僵在现场的滋味是比较尴尬的。应该善于随机应变地打圆场，让彼此的矛盾得以化解。

在一个大型机场售票厅里，许多旅客正排队购买飞机票，秩序井然。突然，一个穿着笔挺的绅士，手拄文明棍，挤到最前面，无礼地指责售票员动作太慢，耽误了他的宝贵时间。他唾沫四溅地大声嚷道：“快点先给我办理，你们可知道我是谁吗?”一边说一边用手指着正售票的售票员。

售票员平静地转过脸去，对票房里别的工作人员说：“这位先生需要咱们帮助他回忆，他有些健忘，已经不知道自己是谁了。”接着，她又对排队买票的旅客问道：“你们有谁能帮助这位先生回忆一下吗？他已经忘掉自己是谁了。”在场的旅客不禁莞尔一笑，为售票员的巧妙应对而投以赞许的目光。而那位绅士羞得脸通红，只得悻悻地回到后面，依次排队。

面对绅士的刻意发难，售票员没有置之不理或者反唇相讥，售票员知道绅士是在炫耀自己的社会地位，就故意诙谐地询问周围人“知不知道他是谁”，使自己从被指责中脱身，缓和了大厅突如其来的紧张气氛。

生活中的“交际危机”，除了自己失言失态陷入尴尬，还有他人的诘难而使自己落入困境。无论是自己的失言还是他人的蓄意攻击，遇到这些猝不及防、进退艰难的指责时都要冷静，运用幽默技巧不动声色地回击，使自己脱离困境。

加拿大外交官朗宁在竞选省议员时，因幼年时吃过外国奶妈的奶水而受到政敌的攻击，说他身上一定有外国血统。朗宁机智地回击说：“你是喝牛奶长大的，按照你的逻辑，那你身上一定有牛的血统了！”驳得对方无话可说，一场危机化解于无形。

小雯的上司是一个外国人，无论是在工作中还是生活上都苛求完美。一天，小雯递文件时不小心把一杯可乐打翻在上司办公室的地毯上，上司异常恼火，让小雯立即清理干净，并不停地唠叨说蟑螂部队准保会因此大规模地袭击她的办公室。

小雯想了想，微笑着说：“绝对不会发生这种事，因为中国蟑螂只爱吃中餐。”老板的脸色顿时放晴，露出灿烂的微笑。原本的令人不舒服的惨境，就在笑声中轻轻化解了。

旁敲侧击，破解困局

旁敲侧击是借助幽默外力打破僵局的经典方法，虽然使交际或谈判绕了一个圈子，但最终成功地到达了终点。

在人际交往中，运用旁敲侧击法就是利用幽默的语言来回击或反驳

对手的一些观点。在谈判中，当需要批评或提醒对手而又不便直接向对方提出时，便可考虑使用这种幽默风趣的旁敲侧击法。从侧面提出一些看似与谈判主题无关的话题，以此来达到启示、提醒、警告等目的。“侧击”得幽默巧妙，不仅能调节气氛，还能为谈判扫除障碍，铺平道路。

1969年9月的一天，美国国务卿基辛格，就越南战争问题与苏联驻美国大使多勃雷宁举行会谈。谈判正在进行时，尼克松总统给基辛格打来电话，基辛格接完电话之后对多勃雷宁说：“总统刚才在电话里对我说，关于越南问题，列车刚刚开出车站，现在正在轨道上行驶。”老练的多勃雷宁试图缓和一下气氛，机智地接过话头说：“我希望是驾飞机而不是火车，因为飞机中途还能改变航向。”基辛格立即强调说：“总统是非常注意选择词汇的，我相信他说一不二，他说的是火车。”

在这次谈判中，基辛格巧用火车与飞机的比喻，幽默地对对手进行旁敲侧击，既鲜明、坚定地表明了自己的立场，而语气和态度又不显得十分强硬，令对手容易接受。可见，在谈判中，语言幽默、形象，往往能有效地活跃谈判气氛，使谈判轻松、愉快，并逐步向有利的方向发展。

由于运用旁敲侧击法时，谜底被深深地埋藏在幽默的话语下面。所以，要在谈判中运用这种幽默技巧并取得幽默效果，就要在己方发言之后，留给对手一个短暂的回味时间，对手才能体会到幽默的话语和谜底之间微妙的联系。

一位顾客坐在一家高级餐馆的桌旁，把餐巾系在脖子上。大堂经理很尴尬，叫来服务员说：“你让这位‘绅士’懂得，在我们的餐馆里，那样做是不允许的，但话要说得尽量委婉些。”

服务员来到那位客人的桌旁，很有礼貌地问：“先生，您是刮胡子还是理发?”话音一落，那位顾客立即意识到自己的失礼，赶快取下了餐巾。

服务员没有直接指出客人的失礼之处，却幽默地问两件与餐馆服务项目毫不相干的事——刮胡子和理发，表面上看来，似乎服务员问错了，而实际上他是通过这种风马牛不相及的幽默来提醒这位顾客。既使顾客意识到自己的失礼之处，又做到了礼貌待客，不伤及客人的面子。服务员用的正是旁敲侧击的幽默技巧。

旁敲侧击必须视具体情况和对象因地制宜，就近转移，不能不着边际，随心所欲。用来“侧击”的话题主旨也不能变，虽然不涉及正题，但必须与正题有关，不管绕多少圈子，牛鼻子始终不能放，做到“形散神不散”。

返还幽默，其人之道反治其人之身

返还幽默术很是巧妙，它使用的思维套路是对方的，而后由此及彼，物归原主，它的目的是让对方搬起石头砸自己的脚，自己则借机顺利脱身。

隋朝时，有个马夫很聪明，但说话结巴。官高气盛的杨素，常常在闲暇无聊的时候，把马夫叫来说说笑笑。

年底的一天，两人面对面坐着，杨素开玩笑地说：“有个大坑，深一丈，方圆也是一丈，让你跳进去，你有什么办法出来吗?”

马夫低着头，想了想，问道：“有有有有梯子吗?”

杨素说道：“当然没有梯子，若有梯子，还用问你吗?”

马夫又低着头想了想，问道：“是白白白白天，还是黑黑黑夜?”

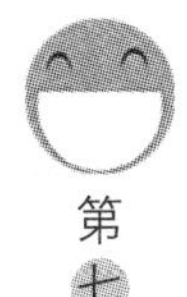

杨素说："不要管是白天还是黑夜，你能够出来吗？"

马夫说道："若不是黑夜，眼眼眼又不瞎，为什么掉掉掉掉到里面？"

杨素不禁大笑。又问道："忽然命你当将军，有一座小城，兵不满一千，只有几天的口粮，城外有几万人围困，若派你到城中，不知你有什么退兵之策？"

马夫低着头想了想，问道："有救救救救兵吗？"

杨素说道："就因为没有救兵，才问你。"

马夫又沉吟了一会，抬头对杨素说："我审审审慎地分析了形势，如如如如您说的，不免要要吃败败败仗。"

故事中的人尽管是个结巴，但回答问题却很善于运用幽默技法，他不但没有被杨素难倒，还处处显出他的幽默和智慧。

1991 年底中美开始进行知识产权谈判。一开场，美国人以中国侵犯他们的知识产权为由，仗着财大气粗就来了一句："我们是在和小偷谈判。"身为副总理的吴仪没有丝毫含糊，立即顶了一句："照阁下这么说，我是在和强盗谈判。请看你们博物馆里的展品，有多少是从中国抢来的。"吴仪的出色表现甚至令对手哑口无言，美国首席谈判代表卡拉·希尔斯女士称："吴仪既是国家利益坚定的维护者，又是坚韧的谈判者，她的智慧和充分准备给我留下了深刻的印象。"

这种幽默说话的特色是不作正面抗衡，而是在迂回的交谈中，顺着对方的话说下去，借力胜敌，从而达到自己的目的和产生幽默感。当自己在谈判中处于不利的地位时，也可用这种返还幽默的说话方式使自己摆脱困境。

赫尔岑是俄国著名的文学批评家。有一次他参加一个晚会，晚会上演奏的轻佻音乐使他非常厌烦，他不得不用手捂住耳朵。

主人见状，便走过去向他解释："现在演奏的是流行歌曲。"赫尔岑

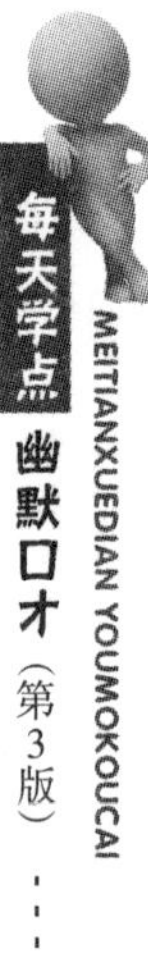

礼节性地点头问："流行的乐曲就是高尚的吗？"主人听了很是吃惊："不高尚的东西怎么能够流行呢？"赫尔岑笑着说："那么，流行性感冒也是高尚的了？"

显而易见，面对主人略带鄙夷的解释，赫尔岑顺着主人的逻辑思维方式，快速组织语言，有理有据有序地进行了反驳。

俄国学者罗蒙先生生活俭朴，不大讲究穿着。有一次，有位衣冠楚楚但又不学无术的外国人，看到他膝盖部位有一个破洞，便指着那里挖苦他说："在这个破洞里，我看到了您的聪明才智。"罗蒙毫不客气地回敬："先生，我却从这里看到了另一个人的愚蠢。"

外国人借衣服破洞，小题大做、贬损别人，罗蒙机敏地选择了与"聪明"相对的词语"愚蠢"，准确地回敬了对方，使其自食恶果。这种绝妙的交涉方式其实就是运用了返还幽默的技巧，其人之道反治其人之身取得事半功倍的效果。

一个顾客在餐馆里吃饭，他发现饭馆的菜做得不好吃，就叫来老板："老板，这盘牛肉简直没法吃！"老板回答："这干我什么事？你应该到公牛那里去抱怨。"顾客说："是呀，所以我才叫住了你。"

顾客按照老板的荒谬逻辑，推论出老板应是"公牛"，搞得对方哭笑不得，自食其果。这种方法是抓住对方的话柄，顺着说下去，让其向着有利于自己的方向发展，从而产生强烈的幽默效果。

下篇

让幽默成为你习惯的表达方式

第八章

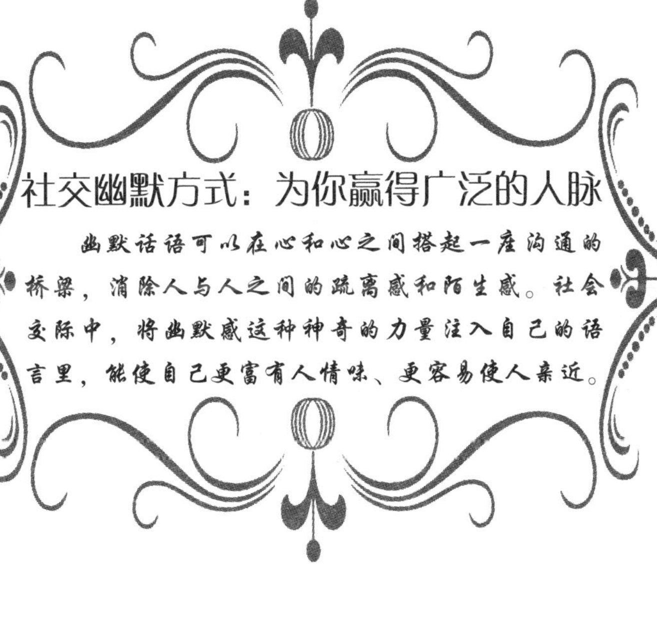

社交幽默方式：为你赢得广泛的人脉

幽默话语可以在心和心之间搭起一座沟通的桥梁，消除人与人之间的疏离感和陌生感。社会交际中，将幽默感这种神奇的力量注入自己的语言里，能使自己更富有人情味、更容易使人亲近。

幽默的力量不可小视

在失败的困境中，幽默是黑夜里的耀眼星辰；在豪迈的奋进中，幽默是激流中的朵朵浪花；在平静的生活中，幽默是水面美丽的涟漪。

幽默在沟通中的作用是不可低估的。首先，幽默能使人感到轻松愉快，而这又是提高人的大脑及整个神经系统的张力和充分发挥潜力的必要条件。适当地制造幽默，可以活跃沟通的气氛，使沟通的效果更趋完美。

贝利在一家大企业公司的运输部门负责文书工作。当这个公司被另一个大公司合并以后，贝利就在人事变动的波流中沉浮不定。新来的同事似乎对他不大友善，直到有一天贝利运用了自嘲。“他们可不敢把我革职。”他解释说，“什么事我都远远落在人后。”

贝利以取笑自己而使他的新同事和他一起笑，也帮助他建立了友善合作的共事关系。如果贝利这一句妙语真的显示他确有将今天的工作拖延到明天的恶习，这也提醒他，使他更能自我了解。他以自我讽刺来客观检讨自己的毛病——爱拖延，并改进自己的行为，不断进步。

一位老者在乘船时，听到一些旅游者讲起在鱼肚子里发现珍珠宝物的故事，于是走过去对他们说：“我给你们讲一个真实的故事吧。我年轻的时候，曾经和一位漂亮的女演员谈过恋爱，后来，我到国外分公司任职，一去就是两年。在这期间，我和她的联络越来越少。在回国之前，我特意买了一枚钻石戒指，准备给女朋友一个惊喜。然而，我在半路上得知，她已经在一个月前和一个男影星结了婚。我一气之下就把戒指扔进了大海。我回到国内，有一天到一家餐馆喝闷酒。我点了一道鱼，等鱼端上来之后，我心烦意乱地把鱼肉塞进嘴里。刚嚼了两下，忽然牙被一个东西硌了一下。你们猜，我吃着了什么？”“戒指。”大伙一齐说道。“不！”老人诡秘地一笑，“是一块鱼骨头。”“哈……”人群突然爆发出爽朗的笑声。现场气氛也随之活跃起来，众人为有这样一位虽然陌生但却豁达开朗的老人加入谈话队伍而感到高兴。

幽默不但可以调节气氛，还可以驱除紧张感、疲劳感。现实生活中，每个人都有过精神紧张的经历，如在一些比较庄重、严肃的场合，或等待某一重大结果时。此时，通过幽默语言进行适当宣泄，不仅能够活跃气氛，而且还可以使紧张的神经暂时得到休息。

第二次世界大战胜利前夕的一次进攻战役期间，美军将领艾森豪威尔感到非常紧张和疲惫，所以就到莱茵河畔散步，以放松身心。这时有一个神情沮丧的小士兵迎面走来，他见到是艾森豪威尔大将军，一时紧张得不知所措。艾森豪威尔笑容可掬地问他：“你感觉怎样，孩子？”士兵直言相告：“将军，我特别紧张。”“哦，”艾森豪威尔说，“那我们可是一对了，我也同样如此。”就样一句既让小士兵感到十分好笑，又能表达出艾森豪威尔此时真实心情的话，立刻使两个人的精神都放松下来，并且十分自然地沟通起来。

在普通朋友或同事之间，幽默也是巧妙的表白方式，不仅可以博得一笑，使人们更愿意亲近你，同时对别人和自己来说，何尝不是一种“鼓舞”，一种追求美好生活的精神动力？

幽默是一种绝妙的沟通力

幽默就像润滑剂一样协调着人们的关系，它可以消减压力，化解误会，活跃气氛，增强说服力，在社会交际中具有无可替代的优势。

美国心理学家赫布·特鲁说：“幽默可以润滑人际关系，消除紧张，减轻人生压力，使生活更有乐趣。它把我们从个人的小天地里拉出来，使我们一见如故，寻得益友。它帮助我们摆脱窘迫和困境，增强信心，在人生的道路上知难而进。”所以说，幽默是一种绝妙的沟通力。

为了提防小偷光临，一家超级市场里安装了一套电控监控系统。有些顾客对此很恼火，向超市管理员提出抗议，超市管理者十分懂得和顾客沟通，他思索良久后在电视屏幕上加上这样的一句话：“请你微笑！因为你正出现在屏幕上”，并有小字说明：“本系统是为了防止意外损失，好维持本店价格低廉的运营方法，保护您的利益。”此后，再没有顾客提出抗议了。

幽默是人生中必不可少的调味品，如当朋友们结伴旅行或是相邀聚会时，在旅途中的疲惫和长时间静坐相对无语的时候，一定会让人觉得沉闷难受，如果这时候有人讲了一个笑话，一定能改变当时的气氛，增加许多的乐趣。

有一个女书迷，因为非常醉心钱钟先生的著名小说《围城》，几次千里迢迢来到北京，想见钱钟书先生一面。但自始至终，钱先生就是不

给这位女士一个“面子”，只是让朋友捎话给她，说如果你觉得鸡蛋好吃，你就只管吃鸡蛋好了，何必一定要去见那个呱呱叫的老母鸡呢？

按理说，钱钟书一个大名鼎鼎的作家，不应该就样把别人拒之门外，这样既让别人觉得他摆着作家的架子，十分高傲，又让人感到此人十分无情，在多次要求下也不肯出来见面，似乎没有一点人情味。但他的话却让人把这种种猜想都否定了，这句话让人断定，他并没有高傲的架子，也没有让人难以接近的冷漠。

老相声艺术家马三立常在舞台上背对着观众，让观众感到大惑不解。他的身子慢慢转过来时，依然用手捂着自己的脸，口里一再声称，自己长得太丑，实在对不起观众。至此，大家不约而同地放声大笑！

幽默可以建立良好的沟通力，从而帮我们解决一些生活中的难题。荷兰一个城市对于人们乱丢垃圾的现象采用一种有趣的做法，使该城市格外清洁。这个城市曾采用增加罚金和加强巡视的办法，但收效甚微。后来城市管理者想了一个办法，在垃圾桶身上装一个录音机，让垃圾桶和乱丢垃圾者“沟通”：每当垃圾倒入之后，垃圾桶就会“说”一段笑话，不同的垃圾桶有不同的笑话，以此吸引人们倒垃圾。这个办法果然收效很大。

美国也有一些垃圾桶，当人们丢入杂物后，它会说：“好吃，好吃，再给我吃点。”肯尼亚天然动物园的布告牌上则写着：“凡是向鳄鱼池内投掷物品者，必须自己拣回。”

女性的幽默尽显别样风情

幽默的男人是聪明的，幽默的女人则是智慧的。一个懂得幽默的女人，她不一定美丽，但却很聪明，而且是善解人意的。

女人的幽默不同于男人，它更多地来自于女人对生活的独特体验与理解，是一种点点滴滴中的智慧的释放。幽默的女人喜欢生活，懂得用自己的方式化解怨愤，用微笑放松自己，懂得用智慧增添自己的魅力，使自己的人际交往更顺利，更自然，更融洽。

记得一位叫关牧村的女歌唱家，她在国外演出时的一次告别晚宴上，友人开玩笑说：“你的歌喉实在是太迷人了，我们要用市长的位置来交换你！”关牧村微笑着回答：“实在对不起，我只能将歌声留给你们了，因为临来时我把心留在了我的祖国！”

富于幽默的回答，既巧妙回答了友人的问题，又凸显了女歌唱家的拳拳爱国之心，使外国人通过她的幽默回答感受到了中国艺术家的精神境界。在从容不迫的幽默中，她的风度和气质展现无遗。

拥挤的公交车上，司机一个急刹车，男孩不小心踩了女人一脚，男孩惶惶然，赶紧说：“对不起，对不起！”女人却风趣地说：“不，是我的脚放错了地方。”

这样幽默味十足的女人，可以化解许多人际间的不和谐的情境，用智慧赢得周围人的尊敬。即便是错在自己，也能以幽默的语言缓和矛

盾，往往能使人怒气难生，让微笑拉近两人的距离。

一个青年男子在一家饭馆里吃饭。他点了一大桌丰盛的饭菜，等吃完了饭，他才对女经理说：“对不起，钱夹放在家里了，我现在不能付饭钱。”女经理不慌不忙地说：“那好吧！我相信你。为了使我记住此事，必须把你的名字写在门口的黑板上，同时记上你欠账的数目。”男青年表示不满：“那不是每个人都看到我的名字了吗？”女经理微笑着说：“不必担心，我们会用你的皮大衣把你的名字盖住的。”

这个男青年只好拿出钱来，如数付清了欠款。女经理的意图在于让这位有赖账嫌疑的顾客用物质作抵押，以此逼迫他就范。因为语言幽默风趣，就不会导致事情僵化，可以说没费什么力气，经理就成功维护了饭馆的权益。

幽默的女人高雅美丽，幽默的女人易赢得他人的尊敬。因为真正的幽默是需要知识和阅历来做铺垫，只有成熟而智慧的女人才能掌握其真谛。

在中国历史上，最幽默的女人应该是武则天，风云一生，却留下一块无字碑，给古今历史学家和好评头论足者一个大大的幽默。曾经是大英帝国的统治者的维多利亚女王，生前最后的一句话是：“我已尽力而为。”两个同样伟大的女人，把自己放在更广阔言论空间的胸襟和智慧，实在是最好的幽默。

幽默是智慧的快乐表现，是一种达观坚强的人生境界，是一种超越机智的处世态度。幽默女人以睿智的眼光看待世事并用特别的方式巧妙地传达她对生活的感悟，可以使听者粲然一笑。幽默着，是一种生命的潇洒与美丽……

幽默者总能赢得他人好感

在成功的人际交往中，幽默使人在不利的情况下保持快乐的心情，也能使周围善良的人们与自己一同快乐。在任何场合，幽默的人总会赢得他人的好感。

纪伯伦曾说过："大智慧是一种大涵养，有涵养的人才善于学习。我们从健谈的人身上学到了静默。"幽默的谈吐，是社交场合必备的智慧，幽默风趣的人往往更受人欢迎。

萧伯纳在上海见到鲁迅，说："他们称你是中国的高尔基，但你比高尔基漂亮。"鲁迅回答说："我更老些，还会更漂亮。"两人会心一笑。

微笑是幽默的标志，而语言是传达幽默感的主要手段。幽默语言是一种机智巧妙而又含蓄从容的辞令，理解这种辞令和产生"共鸣"现象一样，也是需要双方相同的频率导致共振的，所谓"心有灵犀一点通"，这相同的频率便是一份默契，一点灵犀。幽默的沟通方式是人人都喜欢的，而且幽默的人往往都容易得到别人的好感。

张强的桃花运一直都十分不顺，恋爱屡屡失败。功夫不负有心人，终于有一次听他开心地告诉大家，一个女孩子答应和他约会了。见面后，大家关心地问他，约会结果怎么样，他说："成功了一半。""什么是一半呢？"大家问道。

"因为我去了，她没去，还不是成功了一半啊！"本来大家都想安慰

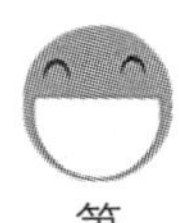

安慰他呢，但是见他这样乐观地对待，朋友们也就没那么担心了，并声称都会留心为他挑选一位如意伴侣。

幽默是一座沟通人心灵的桥梁。幽默者最有人情味，与幽默者相处，每个人都会感到快乐。

一次新同学交流会上，大家各自玩弄手机，气氛凝重，了无乐趣。一个男孩子站了起来说："我给大家讲个笑话吧。有一家酒吧的老板非常吝啬，他卖给客人的啤酒都只有半个杯子那么多。一次，他一边卖酒一边向顾客抱怨说最近生意不好，这星期只卖出了 35 桶啤酒。'那么，'顾客说道，'我倒想出一个能使你每星期卖掉 70 桶啤酒的方法。'老板很惊讶，忙问：'什么方法?''这很简单，只要你将每个杯子里的啤酒装满就行了。'"同学们粲然而笑，为故事中顾客的机智，也为这个男生的诙谐风趣。这个男孩子后来被选为班长，或许和他善于幽默的能力有关。

莉莉和李清是多年的同事，两人隔桌而坐，情谊深厚。然而有一次，处理上级交代的事情时，两人有着不同的看法，在争执不下的情况下，她们居然发生严重的口角战争，彼此冷战，形同陌路。过了几天，莉莉实在忍受不了如此的工作气氛，为了打破僵局，她故意翻箱倒柜，把办公桌的抽屉全部打开来翻找。李清实在忍不住就问她："喂，你把所有抽屉打开，到底在找什么?"莉莉看看李清，故意嘟着嘴巴说："我在找你的嘴巴和声音啦！你一直不跟我讲话，我怎么跟你讲话！"两人扑哧一笑，重归于好。

有幽默感的人以睿智的眼光看待世事，并将有趣可笑之处巧妙地传达出来，使听者会心而笑。

当然，运用幽默时一定要切合实际，符合别人的心理要求，只有这样才能达到预期效果，一味追求搞笑的效果，为幽默而幽默，说不定会适得其反。

幽默话语，让友情之花常开不败

朋友关系大抵是最适于发挥幽默的一种关系，朋友交往中的笑谈打趣是很自然、很平常的事。而幽默会使朋友之间的关系更为亲密融洽，相互交往变得更富于情趣。

朋友之间的话题是很宽广的，过去的趣事，将来的打算，工作上的得意与挫折，家庭中的欢乐与烦恼，上至宇宙之广，下至草芥之微，都可随意取做闲谈的资料。

鲁迅先生在人们的印象中是一个严肃、倔强的人，他的杂文笔锋犀利，爱抨击时弊，并且总和许多人斗来斗去，可是在和朋友的交谈中，鲁迅是一个很幽默的人，他谈话生动随和，给人一种春风拂面的感觉。

有一次，鲁迅与几个朋友相聚，谈起国民党的一个地方官僚下令禁止男女同校上学、一同游泳的事，鲁迅发议论说：

“同学同泳，皮肉偶尔相碰，有碍男女之大防。不过禁止之后，男女还是一同生活在天地之间，一同呼吸着天地中间的空气。空气从这个男人的鼻孔呼出来，被另一个女人的鼻孔吸进去，淆乱乾坤，实在比皮肉相碰还要坏。要彻底划清界限，不如再下一道命令，规定男女老幼，诸色人等，一律戴上防毒面具，既禁空气流通，又防抛头露面。这样，每个人都是——喏！喏！”鲁迅站起身来，模拟起戴着防毒面具走路的样子来。朋友们笑得前仰后合。

朋友之间的交谈应该是轻松自然的，没有官场上的衙门气，没有生意场中的“铜臭味”，也没有外交谈判中的虚伪与小心谨慎。朋友之间多的是温暖和坦诚，谐趣和欢笑，即使是嘲讽的话，也洋溢着暖暖的温馨。

法国作家小仲马有个朋友的剧本上演了，朋友邀小仲马同去观看。小仲马坐在最前面，总是回头数：“一个，两个，三个……”

“你在干什么？”朋友问。“我在替你数打瞌睡的人。”小仲马风趣地说。

后来，小仲马的《茶花女》公演了。他便邀朋友来看演出。这次，那个朋友也回过头来找打瞌睡的人，好不容易找到一个，就说：“朋友，今晚也有人打瞌睡呀！”

小仲马看了看打瞌睡的人，说：“你不认识这个人吗？他是上次看你的戏睡着的，至今还没醒呢！”说罢两人弯腰大笑不止。

小仲马与朋友的玩笑虽有讽刺意味，但不会在任何人心里留下芥蒂，反而能增进友情。因为朋友之间不需要虚假的客套，互相打趣甚至嘲讽都是一种亲切坦诚的问候。

书信也是承载友谊、联络感情的重要方式。同当面交谈一样，给朋友写信无须拘束和卖弄。幽默可使承载友情的信笺妙趣横生，使远在异地的友人仿佛看到了你亲切生动的面容，听到你那熟悉而风趣的声音。

大科学家爱因斯坦非常钦佩幽默大师查理卓别林。一次，他在给卓别林的信中写道：“你的电影《摩登时代》，世界上每个人都能看懂，你一定会成为一个伟人。”

卓别林回信说：“我更钦佩你，你的相对论世界上没有人懂，但你已经成为一个伟人了。”

爱因斯坦的信中除了对卓别林的夸赞，还暗含讥笑《摩登时代》寓意过于简单，“人人都能看懂”的意思；卓别林也不甘示弱，巧妙地顺

着来信的“赞美语”，自然得体地反过来回敬了对方。想必爱因斯坦看到信时，一边是忍俊不禁，一边沉浸在两人之间美妙的友谊中。

一次，德国诗人海涅收到一位友人的来信，拆开信封，里面是厚厚的一叠白纸，一张一张紧紧包着，他不耐烦地拆开一张又一张，直拆了十几张，总算看到最里面的一张很小的信纸，上面郑重其事地写着一句话：“亲爱的海涅：最近我身体很好，胃口大开，请君勿念。你的朋友露易”。

过了几天，这个叫露易的朋友收到了海涅寄来的一个很大很沉的包裹。他不得不叫人帮忙才把包裹抬进屋里，打开一看，竟是一块大石头，上附一张卡片，上面写着：

“亲爱的露易：深知你身体很好，我心上的石头终于掉了下来。今天特地寄上，望留作纪念。”

这肯定会成为露易一生中最难忘的一封来信。他给海涅的信实在是虚张声势，小题大做，海涅的回信机智地以大石头比喻对朋友身体的担忧，以“石头落地”表示收信后的放心和轻松，绝对形象真切，只是看这样一封信也太耗费体力了。露易在感受到朋友的热情和友爱之外，还会悟到一点别的什么。

幽默应答，化解沟通绝境

与人交谈时，或许别人的一个不经意间的问题会使你陷入沟通绝境，这时，如果你能恰当地幽默一下，就会轻而易举地化解这个绝境。

贝利是一位著名的记忆专家，他有一套独特的方法与听众打成一

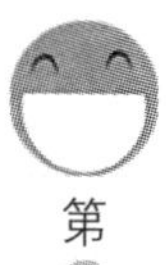

片。他经常在会议或演说开始之前，向来宾们一一问候致意，请教他们的尊姓大名。随后，在会议或演说结束后，他再一一地叫出每个人的名字。如果他记错了，就付5美元给那个他忘了名字的来宾。但他通常不会发生错误，人们对他的记忆力又困惑又佩服。

不过，有一次他还是遇到了麻烦。坐在会议厅前排的一个家伙，不等他解释完培养记忆力的问题，就站起来大声问："贝利先生，你怎么会记住那么多的名字？"

贝利说："先生，我可以用三个字来回答你的问题——用、大、脑！"那个家伙连个嗑也没有打，立刻回了一句："那是我的想法，而你用的是什么呢？"

贝利差点被问倒了。如果他真的再也没法应付，像一只木鸡呆站在台上，那么，他这个记忆专家就要贻笑大方了。

贝利毕竟是贝利，他几乎毫不停顿地回答说："我说的大脑是指脚后跟，明白吗？脚、后、跟。"听众们笑得人仰马翻。在面对一个比较尖锐的话题的时候，就需要试着用幽默的方式来解决。

有位城建规划者正向市民征求城市建设意见。一位厨师提出的意见比较尖锐。这位城建规划者听后很不服气，与旁边的人低声嘀咕："他又没有学过这个专业，懂啥？"偏偏被厨师听到了，厨师反问道："我这辈子没有下过一个蛋，可我能尝出炒鸡蛋的味道。母鸡能吗？"这句话引来听者有点尴尬的笑声，城市规划者不得不重新考虑城市建设问题。

虽然厨师表面上似乎在说笑，但实际上是在就事论事，以求达到自己的目的。假如他正面地与城建规划者辩论，最后的结果不但不会让规划者重新考虑此事，很可能还会让规划者火冒三丈。所以在与他人的沟通中，幽默具有非常重要的作用，可以化解人与人之间的沟通绝境。

张明是个非常幽默的警官，他遇到沟通绝境时，总能以幽默的方式使问题迎刃而解。某天下午，有三位女士为了一点小事发生了争执，三

个人大吵大闹地来到警察局，你一言，我一语，别人根本插不上嘴，几乎把警察局的屋顶掀了下来。这时，张明淡淡地说了一句话："请你们当中年纪最大的那一位先说吧！"话刚落下，房间里立刻鸦雀无声。

张明还曾经运用他的幽默顺利地挽救了一名企图跳楼的男子。当时情况十分紧急，男子站在10层楼的楼顶上，随时都有可能往下跳。楼下挤满了围观的人，警察、医生和记者全数到齐。依照惯例，那名想要自杀的男子色厉内荏地喊叫着："别过来，谁要再走近一步，我就跳下去！"

张明带了一名医生上了楼顶，他只说了一句话，那名男子就默默地走下了楼。张明说："我不是来劝你的，是这位医生要我来问问你，你死后愿不愿意把尸体捐给医院？"

幽默使人冷静，冷静使人充满机智，所以它往往能化解沟通的绝境。

一个星期六下午，几个"左派"分子正在闹市的十字路口发表演说："今天的政治烂透了，我们应该放把火，把众议员和参议院统统烧了！"

激烈的言论尚且不构成什么妨碍，但是却引来越来越多的行人，把路口堵了个水泄不通，严重影响了交通。

当警察赶到时，市内的交通已经瘫痪得无从下手，只见一个警官大叫一声："从现在开始，同意烧参议院的站在左边，同意烧众议院的站在右边。""哗"的一声，人群顿时分为左右两边，中间的道路豁然开朗。一件棘手的事情就这样应"幽默"而化解！

幽默使陌生人变得亲近起来

在人际交往中，幽默的魅力会让陌生的面孔生动起来，会让拘谨的气氛缓和下来，会让素不相识的人们亲近起来。

陌生人之间初次见面，要互通姓名，客套寒暄，气氛容易拘谨、僵硬。这时运用一下幽默，可使气氛活跃起来，交谈也就变得轻松随便了。

漫画家方成到山西省汾酒厂参观，厂方负责人迎上去说："欢迎欢迎，先生，久闻大名啊！"方成则笑着说："我是大闻酒名啊！"

方成将"久闻大名"几个字的顺序调换一下，并巧妙利用"久"与"酒"的谐音，说出这句幽默机智的妙语，令人叫绝。短短的一句话，既表示出自己的谦逊之意，解除了被恭维的尴尬，又得体地赞美了对方，拉近了两个陌生人之间的距离。

丘吉尔是一位集政治家、文学家、演说家于一身的传奇人物，除了拥有顽强不屈、毅力惊人的品质外，他的一生可以说是充满了机智和幽默。1941 年，他刚任首相不久，为了了解美国的外交政策，他亲自赴美会见罗斯福总统，这也是他第一次会见外国总统。

丘吉尔抵美的第二天，罗斯福一大早就来拜访住在白宫客房部的丘吉尔。正巧，丘吉尔刚刚洗完澡，全身赤裸裸地走出浴室。罗斯福一看情况不对，立即困窘地要转头离去。此时，丘吉尔叫住了罗斯福，神情自若地对他说："你看！英国首相对美国总统的'坦诚相见'，是绝对没

有任何一丝隐瞒啊！”罗斯福频频点头，笑着说：“你说得好！你说得好！”

丘吉尔以机智幽默的语言，当场化解了双方第一次见面的尴尬，而且一语双关，充分表达了两位总统彼此之间那份坦诚以待的尊敬和诚意。

大都市里熙熙攘攘，人来人往，可每个人却都像生活在孤岛上。以至于有人感慨地说，城市生活就是几百万人在一起也会感到寂寞。

在拥挤的公共汽车上，即使已经人贴人了，可人们之间还会觉得离得很远。可是如果有一位老兄喊道：“喂，朋友们，大家都吸一口气，缩小些体积，我挤得受不了啦，快成相片了！”大家就会一起笑起来，陌生的人们不就变得亲近些了吗？

买车票、买东西经常有排队的时候，有时还排成长龙。排队会让人焦躁不安，但是如果与排队的其他人聊一聊，说些有趣的话题，你会感觉好一些。比如别人抱怨说：“我的运气总是不好，没去排的那一队总是动得快些。”

你可以接上去说：“速度快不一定是好事。否则的话，兔子早就统治这世界了。”周围的人们会发出会心的一笑，接下来的交流就会变得很自然。

在寂寞的城市生活中，不妨多来点幽默语言，融化人与人之间的坚冰，让心和心之间更加靠近。

在一次聚会中，老张被女主人介绍给一位贵宾，双方客套几句后，女主人背过身去嘱咐老张说：“说些中听的话。”声音虽然很低，但是那位贵宾显然听到了。老张就很尴尬，他一时想不起什么“中听的话”，就对贵宾笑着说：“我知道你正是那种不能随便奉承的人。”贵宾痛快地笑起来，开始互相问候、交谈。

老张这句话虽没有包含什么实质性的恭维内容，却消除了人与人之间的陌生感，打开了沟通的大门。

装糊涂，打圆场

人生在世，不可能总是春风得意，事事顺心。面对挫折能够虚怀若谷，大智若愚，保持一种恬淡平和的心境，是人生的一种大彻大悟。

舞台上，一位杂技演员表演踩蛋时出了差错，鸡蛋被踩碎了，这一切全暴露在观众的眼里，台下一阵骚动。

这位演员很尴尬地又换了一个鸡蛋。这时，主持人忙打圆场："为了增加艺术效果，证实鸡蛋是真的，所以演员故意踩碎了一个给大家看。"

谁知主持人话音还没有落，演员脚下的鸡蛋又碎了一个。观众的眼光马上转向主持人：这回看你怎么说。只见主持人无可奈何地叹了口气，说："哎，社会上的伪劣产品屡禁不绝，看来政府真得加大打击力度了，这不，连母鸡都生产劣质产品了！"

台下顿时掌声四起，饱含对主持人的赞赏和杂技演员的鼓励。面对演员的失误之举，智慧的主持人巧妙地半痴半傻，用一些戏谑的借口来为演员打圆场。

"打圆场"不是不着边际的奉承，也不是油腔滑调的诡辩，它是一种说话的艺术。认真学习并掌握这种艺术，注意在特定的场合中"察言观色，故作糊涂"，适时得体地"打圆场"，能有效地摆脱尴尬和烦恼。

正如马克思所言："一种美好的心情，比十服良药更能解除生理上的疲惫和痛楚。"所谓"难得糊涂"，并不是说要躲躲闪闪装糊涂，而是

在任何环境中始终保持着健康向上的积极心境。这种人往往风趣乐观，懂得社交艺术，在关键时候会用幽默语言替他人解难，为自己圆场。

在餐桌上，一些人为芝麻点儿的事情争吵了起来，有人想平息餐桌上的争论，他提了一个十分意外的问题："诸位，刚才是一道什么菜？大概是鸡！""是的。"一位客人回答。"一定是公鸡！"这人一本正经地说，"原来是鸡在作祟，难怪大家要斗起来。"说完他举起酒杯："来点灭火剂吧，诸位！"一场将要起的战火因这个人的貌似糊涂的幽默而顷刻间平息了。

"糊涂"是医治情绪病的良方。对人对事，只要不是原则问题，就大可"糊涂"待之。"糊涂"者，指不必事事计较谁是谁非，不去时时考虑个人得失，不去每每分析谁占了我便宜，不去常常思量自己有没有吃亏。"海纳百川"的气量，就显得难能可贵了。

幽默战术，谈判扭转乾坤

"不战而屈人之兵"，谈判高手往往对谈判技巧驾轻就熟、在激烈的谈判中游刃有余，从策略、方法、技巧和个人魅力上先立于不败之地。然而用幽默来助阵，谈判才更容易获得全局性的胜利。

有一位教徒问神父："我可以在祈祷时抽烟吗？"他的请求遭到神父的严厉斥责。而另一位教徒又去问神父："我可以吸烟时祈祷吗？"后一个教徒的请求得到了允许，悠闲地抽起了烟。这两个教徒发问的目的和内容完全相同，只是语言表达方式不同，但得到的结果却相反。

幽默大师林语堂曾经说：“在第二次世界大战前，如果各国都派幽默高手来谈判，那么就可以避免第二次世界大战的发生。”可见幽默是一种无法抗拒的力量。

1971 年，基辛格博士为恢复中美外交关系秘密访华。在一次正式谈判尚未开始之前，基辛格突然向周恩来总理提出一个要求：“尊敬的总理阁下，贵国马王堆一号汉墓的发掘成果震惊世界，那具女尸确是世界上少有的珍宝啊！本人受我国科学界知名人士的委托，想用一种地球上没有的物质来换取一些女尸周围的木炭，不知贵国愿意否？”

周恩来总理听后，随口问道：“国务卿阁下，不知贵国政府将用什么来交换？”基辛格说：“月土，就是我国宇宙飞船从月球上带回的泥土，这应算是地球上没有的东西吧！”

周总理哈哈一笑：“我道是什么，原来是我们祖宗脚下的东西。”基辛格一惊，疑惑地问道：“怎么？你们早有人上了月球，什么时候？为什么不公布？”

周恩来总理笑了笑，用手指着茶几上的一尊嫦娥奔月的牙雕，认真地对基辛格说：“我们怎么没公布？早在 5000 多年前，我们就有一位嫦娥飞上了月亮，在月亮上建起了广寒宫住下了，我们还要派人去看她呢！怎么，这些我国妇孺皆知的事情，你这个中国通还不知道？”周恩来总理机智而又幽默的回答，让博学多识的基辛格博士笑了起来。

无独有偶，陈毅总理在 1965 年的一次记者招待会上，针对世界上少数敌对分子关于到中国去会被“洗脑”的谣言，在简短的开场白中，他首先热烈欢迎各国记者来中国采访，接着话锋一转，笑眯眯地说：“各国记者阁下们可要警惕啊！你们到中国，存在着被洗一次脑筋的危险。”

大家一阵哄笑，会场气氛顿时活跃起来，一下子拉近了主人与客人之间的距离，而且还犀利而巧妙地驳斥了少数敌对分子的谣言。

社交幽默要注意尺度，避免踏入“雷区”

如果为了幽默而幽默，就会显得生硬、不合时宜、不伦不类，不但不能成为我们沟通中的“润滑剂”，反而还可能增加我们沟通的“摩擦系数”。

幽默是人际交往的润滑剂，有了它，我们的沟通活动会更加顺利，我们的人际关系也会更加和谐。所以有人说幽默是生活的调味料，它使我们的生活更加有滋有味。但是我们知道，任何调味料都不可滥用，就好比用盐，用一点可以使菜味鲜美，但用得太多，便会难以下咽。我们在使用幽默技巧时也切忌滥用，用多了照样会伤害别人，其效果会适得其反。

公司有个女孩，人很聪明，心地也好，就是说话嘴上没把门的，一不留神，就把你给“搁”里了。

有一次大家在一起聊天，一个挺丰满的同事说，杂志上讲其实我们每个人的身体真正需要的营养比实际摄入的要少很多，发胖在很大程度上是因为没管住自己的嘴巴。她听到后接着就说：“是啊，这文章标题应该叫‘活该你胖’，谁让你吃那么多!”丰满的同事当即撂下脸子，一扭身走了。

类似的事情还比如，技术员老刘秃头，一天，她得知老刘的发明专利被批准了。她立刻快言快语地对老刘说：“您可真够牛的，真是热闹

的马路不长草，聪明的脑袋不长毛。”说得大家哄堂大笑，老刘却不好意思地红了脸。

人家说“年轻时这保险那保险上齐了老了有保证”，她说：“那些没保证的老了都自己走到火葬场去烧……”每句话她都接得挺快的，跟小品、相声似的，但是任谁是当事人，恐怕都开心不起来，至少心里会感到不舒服。

虽然聊天中开玩笑的人大多没有恶意，但若不把握好分寸和尺度，就会产生不良后果，所谓“说者无心、听者有意”。有时候，即使是赞美他人，不小心也可能冲撞了对方，引起对方的反感，有时可能还会招来怨恨。因此，社交幽默中掌握一些分寸还是很有必要的。

还有些人错把肉麻当有趣，对别人长讥短讽自以为幽默，有些人则习惯贬抑别人以抬高自己的身价，像朱德庸的四格漫画《双响炮》、《涩女郎》都以辛辣著称，让人忍不住捧腹大笑，但那样的黑色幽默若发生在现实生活中，可就令人尴尬了。

据说萧伯纳少年时已很懂幽默，人又聪明，所以出语尖酸，凡是被他说过一句重话的人，便有“体无完肤”之感。

有一次，他的一位朋友在散步时对他说：“你现在常常出语幽默，不错，非常风趣可喜。但是大家总觉得，如果你不在场，他们会更快乐，因为他们都比不上你，有你在，大家便都不敢开口了。自然，你的才干确实比他们略胜一筹，但这么一来，朋友将逐渐离开你，这对你又有什么益处呢?”

朋友的这番话使萧伯纳如梦初醒，从此他改掉了滥用幽默的习惯，而把他的这些天才发挥在文学上，终于建立了他在文坛上和社交界的地位。

在现实生活中，更多的人是接受一定程度的玩笑，但是抗拒某种特定类型的玩笑。这种情形往往与个体内在压抑的心理创伤相关。某个玩

笑如果碰到对方的内心创伤点，激起的是压抑的痛苦记忆，因此即使平时很随和的人，也可能会被某种玩笑激怒。如果这种情形发生了，开玩笑的人应该明白自己的玩笑踏进了对方的心理雷区，最直截了当的方法就是立即认错，请对方原谅自己的过失。

第九章

演讲幽默技法：在适当的时候抖下包袱

对一位优秀的演说家来说，他所需要的不仅仅是口若悬河，而且需要广博的知识、丰富的联想以及多种多样的能使自己表达自如的手段，毫无疑问，幽默是演讲出彩的最重要技巧之一。

用幽默为演讲增添无尽魅力

没有丝毫幽默感的演讲容易陷入一潭死水，毫无生气，甚至枯燥到无以复加的糟糕境地。

演讲，是就某个问题对听众发表个人的见解，以阐明事理、感召他人。它以“讲”为主、以“演”为辅，通过语言、感情、姿态等方面的协调运动，“告人知”、“说人信”、“让人服”，点燃蕴藏在人们内心世界的希望之火、奋斗之火、智慧之火，由此推动文明的进步。

幽默在演讲中的作用非同小可。

幽默话语能够增强一场演讲的知识性，因为几乎所有的幽默都充满趣味性和知识性。

有位中学教师给学生们做演讲，当讲到文学的阶级性时，他举了一个例子：

商人、秀才、地主和佃农四个人同在一座庙宇里避雪。面对纷纷扬扬的大雪，商人很欣赏地吟道：“大雪纷纷坠地。”秀才是从来不忘皇恩浩荡的，接着吟：“这是皇家瑞气。”地主穿着狐裘大衣满不在乎：“再下三年何妨。”佃农一听，气坏了，心里想：再下雪我吃什么？就脱口而出：“放你妈个狗屁。”

这个小幽默通俗易懂，既能引起学生的学习兴趣，又有知识性，可帮助学生们理解很抽象的东西。

通常幽默都有把复杂的内涵观点形象化的效用，适当糅合幽默的成分，能增强演讲的说服力，帮助听众一针见血地把握问题的实质。

列宁在自己的演讲中曾幽默地批驳了德国政府采取的愚人政策，他说："现在，德国政府已昏头昏脑，当整个德国都已经燃烧起来的时候，它却以为把自己消防队的水龙头对准一幢房屋就能把火熄灭。"由此生动形象地揭示了专制政府的虚妄本质，使人耳目一新。

演讲的题材是非常广泛的，有时你想表达的信息是别人不愿意听到的，可能会令人感到痛苦，或者需要听众作出较大的牺牲，或者要他们面对某些残酷的人生处境。这时，快人快语是不合时宜的，委婉一点，运用幽默的力量，会使听众在较轻松的氛围中去理解和感受你所要传达的信息。例如，现在艾滋病的阴影正笼罩着全球，人人谈虎色变。假如你演讲的目的是筹集艾滋病研究防治基金，用于更新医疗设备，你就不能不谈到大家都忌讳的病毒、感染和死亡问题，这是很沉重的。这时你可以通过说些轶事或趣闻来减轻听众的情绪压力，缓解气氛。一个流传甚广的幽默故事曾经被许多演讲者转述：

美国哲学家梭罗临终的时候，他的一个姑母在病榻前问他："你和上帝之间已经达成和解了吗?"梭罗回答说："我倒不知道我们之间吵过架。"

显然，幽默可以冲掉由于陌生、严肃、沉重而存在的淡淡的哀伤情绪，使场面变得亲切融洽而轻松随意。

总之，一次带有幽默的演讲不一定是一场成功的演讲，但一次成功的演讲一定是一次幽默十足的演讲。

设置幽默悬念，活跃会场气氛

真正的演讲高手从来不忽略幽默的力量，总是以笑声来调节台下听众的情绪，激发他们回味无穷的遐思。

任何一个人只要出现在讲台上，由于外在的头衔、职业、年龄等的原因，多少有些精神优势，足以使听众对他肃然起敬，哪怕是短到只有几分钟，因而有碍于他与听众的情感沟通。缺乏幽默感的演讲者往往满足于这种精神优势，而不知其是非持久的，因而是危险的。外在的精神优势越大，听众的心理期待越强，而在后来产生失望的可能性也越大。

聪明的演讲者常常在开头降低这种优势，以缩短自己与听众之间的距离。但这不包括那种在开场白中讲一番谦逊的客套话：“我没有什么准备，现讲几句不成熟的意见……”由于是客套话，极不诚恳，不但不会使听众注意力集中，还往往会使听众的注意力钝化。如果是国际性的演讲，还可能起反效果，如在一个美国人看来，你对自己都没有信心，可见没有什么真水平。

1956年，当时的印尼总统苏加诺到清华大学操场演讲，在台下听讲的除了清华的学生以外，还有北大的学生。苏加诺是世界名人，步入清华时，学生队伍的秩序一度有些激动性的骚乱。

有经验的苏加诺总统当然看出来了。他在演讲一开头就说了两句题外话：“我请诸君向前移动几步，我愿更靠近你们。”话一说完，学生队

伍活跃了，很快往前移动几步。接着苏加诺又说：“我请诸君笑一笑，因为我们面临着一个光辉的未来。”学生们轻松地笑了起来，气氛变得十分和谐。在以后的演讲中苏加诺总统不断被热烈的掌声打断。

苏加诺总统所用的这种方法正是利用学生的好奇心，幽默地提出了两个令学生们颇感兴趣的话题——“靠近一点”、“笑上一笑”，用缩短空间距离来缩短心理距离，打破了情感交流的障碍，更铺垫出了妙趣横生的氛围。

一位演讲家在一次演讲时打了一个比喻，说：“男人，像大拇指；女人，像小拇指。”

话音刚落，全场哗然，女听众们强烈反对演讲家的这一比喻，认为这是贬低了女性。演讲家立即补充道：“女士们，人们的大拇指，粗壮有力，而小拇指却纤细、灵巧而且可爱，不知诸位女士，哪一位愿意颠倒过来?”

这句话如灵丹妙药，立即平息了女听众的愤怒，她们相视而笑了。

演讲家以大拇指喻男人，以小拇指喻女人，几乎引起会场轩然大波。这不奇怪，因为按一般人的观念，大拇指是顶呱呱好样的象征，而小拇指是差劲的象征。但演讲家实际上是蓄意“吊胃口”，他把女听众弄得嗔怒之后，一下把原比喻翻转过来，揭示出他的真正意思，从而使听众在这一喜剧性的突转之中由嗔而喜，恍然大悟。

1985 年 6 月，德国外长根舍在与我国外长吴学谦会谈后说：“我认为这次讨论是有成果的，我只对一点感到失望。”在场的人都吃惊地等着他的下文。根舍接着说道：“我感到失望的是，根本没有一个问题是我同我的中国同事可以为之争论的。”

很多时候，庄重严肃的话题也并不一概排斥诙谐幽默的多种语言表达方式。相反，只要运用巧妙，有时还会收到庄重直言未能实现的效果。根舍与吴学谦两位外长的会谈，其实双方意见完全一致，如果直说

也未尝不可，但根舍外长却另辟蹊径，先以“有一点失望”来引发在场者的惊愕，卖个“关子”，然后才出人意料地道出所谓的“失望”正是最理想的。由于正话反说，不但显得幽默风趣，而且烘托和增添了会谈的友好融洽的气氛。

一句精妙的开场白，为演讲增光添彩

高尔基说：“开头第一句是最困难的。好像音乐里的定调，往往要花费很长时间才能找到它。”可以毫不夸张地说，一句精妙的开场白，抵得上后文中上万句的字字珠玑。

俗话说，一个好的开始，就相当于成功了一半。演讲的开场很重要，它几乎可以决定一次演讲的精彩程度。就演说者来说，如果他一开始讲话就很严肃很高深，那么接下去的演讲就很难活跃起来。

在一次讨论会上，一位著名的演说家没讲一句开场白，手里却高举着一张 100 美元的钞票。

面对会议室里的 200 个人，他问：“谁要这 100 美元？”一只只手举了起来。他接着说：“我打算把这 100 美元送给你们中的一位，但在这之前，请准许我做一件事。”他说着将钞票揉成一团，然后问：“谁还要？”仍有人举起手来。

他又说：“那么，假如我这样做又会怎么样呢？”他把钞票扔到地上，又踏上一只脚，并且用脚碾它。尔后他拾起钞票，钞票已变得又脏又皱。

“现在谁还要呢?”他问，还是有人举起手来。

“朋友们，你们已经上了一堂很有意义的课。无论我如何对待这张钞票，你们还是想要它，因为它并没贬值，它依旧值100美元。人生路上，我们会无数次被自己的决定或碰到的逆境击倒、欺凌甚至碾得粉身碎骨。我们觉得自己似乎一文不值。但无论发生什么，或将要发生什么，在上帝的眼中，你们永远不会丧失价值。在他看来，肮脏或洁净，衣着齐整或不齐整，你们依然是无价之宝。”

演讲家的话赢得了场下热烈而持久的掌声。在接下来的阐述中，演讲家趁着听众注意力集中，妙语连珠，掀起了一个又一个的高潮。

在演讲的正文开始以前，用各种各样的幽默题材和方式来“卖关子”，可以起到吊听众胃口和吸引大家注意力的作用。

俄国著名的大文豪高尔基的幽默开场则别具一格，富于才气。

1935年，高尔基参加会议时，代表们要求他讲话。他上台后，与会者长时间鼓掌。掌声停息，高尔基灵机一动，微笑着说：“如果把花在鼓掌上面的全部时间计算起来，时间浪费得太多了。”

全场报以会心的微笑，大家都很钦佩高尔基的谦虚和机智。

美国著名外交家基辛格也有关于掌声的出色发挥。有一次基辛格应邀讲演，等主持人介绍后，听众马上站立，长时间鼓掌。掌声停歇后，听众慢慢坐下来。基辛格开口说：“我要感谢你们停止鼓掌，因为要我长时间表示谦虚是很困难的事。”

这一风趣的开场白表现出基辛格杰出的语言才能，比起连声说“感谢！感谢！感谢诸位”，技巧不知要高明多少倍，效果也不知要好多少倍。

超越常规，妙语引趣

往往是那些含蓄、风趣的故事和语言，寓庄于谐，使人在会心一笑的同时，体会到其间的深刻道理以及感受到演讲者高尚的情趣。

幽默的言语中充满了令人愉快的智慧，它对于“集体接受”的演讲听众具有特别的意义。在演讲中插入一些妙趣横生的幽默内容，往往比振振有词的套语更能牵动听众的心弦。

郭沫若1955年重返日本九州大学作了一次演讲，那是郭老的母校，他说：“在这里我要向我以前的老师表白，我作为一个医科大学生，事实上不是一个‘好学生’，福冈的自然景色太美了，千代松原真是非常的美丽。由于天天都接近这样好的自然美景，我在学生时代就不用功，对于医学没有认真地研究，而跑到别的路上去。”他幽默地说：“当时我在教室里听先生讲课时，就一个人偷偷地在课本上做诗了。”这些话，使场内不时发出欢快的笑声、掌声。

有一次，一个教授给学生作报告，接到一个条子，上写：“有人认为思想工作者是五官科——摆官架子，口腔科——耍嘴皮子，小儿科——骗小孩子，你认为恰如其分吗?”这个问题颇具锋芒。教授回答说：“今天的思想工作者，我认为是理疗科——以理服人，潜移默化，增进健康。”

在演讲中，为了增强演讲效果，加深听众印象，可以运用古今杂糅

法，把古人的事利用最时髦的现代语汇解说，或把现代的事用古代成语描绘，这种异相拉近的幽默效果也很好。如谈到消费的时代性时可来一句："慈禧太后虽然骄奢淫逸，但她从来不吸万宝路，不喝雀巢咖啡，也不看外国大片。"讲到文凭、职称的问题时，可以说："孔夫子一没文凭，二没职称，但他在杏坛办学习班，培养了不少哲学、伦理学、教育学的高材生。"

演讲中穿插幽默要注意，穿插进来的内容一定要同主题有关，能起到说明、交代、补充的作用；穿插的内容务必适度，不可过多过滥，造成喧宾夺主、中心旁移；衔接务必自然得当，切不可让人觉得勉强或节外生枝。

在演讲中插入风趣、幽默的谈笑，还有一个速度问题，太匆忙和太缓慢都不能达到预期的效果。因而要掌握好速度，把时间控制得恰到好处。

更高明的演讲者还通过讲述自身经验中那些人人有同感的矛盾之处作为"楔子"。名作家吉卜林在向英国一个政治团体发表演说时使用了下面的幽默，引起全场捧腹大笑：

"主席，各位女士先生们，我年轻时，曾在印度当记者，专门替一家报社报道犯罪新闻。这是很有趣的一项工作，因为它使我认识了一些骗子、拐骗公款者、谋杀犯以及一些极有进取精神的正人君子。有时候，我在报道了他们被审的经过后，会去监狱看看这些正在服刑的老朋友们。我记得有一个人，因为谋杀而被判无期徒刑。他是位聪明、说话温和有条理的家伙，他把他自称为他的'生活的教训'告诉我。他说：'以我本人作例子，一个人一旦做了不诚实的事，就难以自拔，一件接一件不诚实的事一直做下去。直到最后，他会发现，他必须把某人除掉，才能使自己恢复正直。'哈，目前的内阁正是这种情况。"

吉卜林没有平板地陈述记忆中的旧闻旧事，而是幽默地围绕准备进入的政治话题渲染了一些近乎怪诞的趣事，从而建立起自己和听众的沟通点。

总之，利用他人和自身的一些幽默故事，妙语连珠，能使自己的演讲格外精彩。

幽默的语言使演讲深入人心

许多优秀的演讲者都善于以幽默风趣的语言紧紧抓住听众的注意力，使听众在会心的笑声中与他产生共鸣，从而比较容易接受并牢牢记住他的观点。

演讲是在比较正式的场合对众人所作的一种带有鼓动性、说服性、抒情性和表演性的讲话，但是，不能因为它比较正式，演讲人就一定要端起架子，板起面孔，作枯燥无味的陈述。所以，制造幽默轻松的气氛是使演讲易于为人接受的一种高明的方法。

杜怀特在一次宴会上作了一次非常成功的演讲。他依次谈到围坐在餐桌边的每个人。说起初开课时，他是如何讲话的，现在进步了多少。他一一回忆每个同学做过的讲演，模仿其中一些同学，夸大他们的特点，逗得个个开怀大笑，皆大欢喜。

杜怀特的幽默亲切自然，拉近了和老同学的友谊，幽默使其更好地表达了自己的观点、抒发了感情。

阿伯拉罕·林肯在竞选总统时发表了这样的演说：

“有人打电话问我有多少银子，我告诉他们我是一个穷棒子。我有一个妻子和一个儿子，他们都是无价之宝。我租了一间房子，房子里有一张桌子和三把椅子，墙角有一个柜子，柜子里的书值得我读一辈子。我的脸又瘦又长，且长满胡子，我不会发福而挺着大肚子。我没有可以庇荫的伞子，唯一可以依靠的就是你们。”

这样一番绝妙的演说，使林肯成功地为自己在公众面前树立起一个清廉诚实、平易可亲而且极其幽默的形象。谁能抗拒这种演说的感染人心的魅力呢？

“幽默是语言中的盐。”语言表达需要幽默，尤其是演讲，就更需要以幽默的心态去表达，这样才能动人心弦。

1948 年，著名演员珍惠曼因在《心声泪影》中成功扮演了一个聋哑人而获奥斯卡大奖。她获奖时的致词只有一句话：“我因一句话没说而得奖，我想我该再一次闭嘴。”

俗话说：“台上一分钟，台下十年功。”这句话用在演讲上再合适不过了。演讲者许多睿智幽默、令人折服的言语也往往来源于对生活中幽默素材的关注和采撷、分析和判断。所以，要想成为一个幽默的演讲高手，需要在平时多学习、多观察、多收集幽默素材，这样，有朝一日才有机会在演讲台上幽默自如、尽显风雅。

用幽默来赢得受众

美国作家特鲁曾经说过：“幽默帮助你解决人际关系问题。当你希望成为一个克服障碍、赢得他人喜欢和信任的人时，千万别忽视这种神秘的力量。”

语言是“伴随着温度”的东西，而幽默可使语言“升温”，它会为演讲会场造势，并赢得人心。

当然，幽默的添加不是随心所欲的。演讲的种类繁多，要根据其性质来决定幽默的施加量。一般来说演讲分为宣传性演讲、讽刺性演讲、说理性演讲以及陈述性演讲。

宣传性演讲一般是指用鼓动性话语或者讲经历、讲故事的办法震撼人、折服人的演讲。过去惯用的“忆苦思甜”就属这种演讲，它要在唤起人们泪水的同时引起人们听讲的兴致，而且“忆苦思甜”的重点在于“思甜”，当然不能不施加幽默，否则就会起到相反的作用。

某中学请一位不识字的老贫农作忆苦思甜报告。这位老人很幽默，常使用俏皮话、歇后语，当他说到那一年全家挨饿时说：“我们全家老小都胖了。”听众愕然，他马上接着说：“眼珠子胖了！”大家都忍不住笑出声来。说到现在的生活好，他又说：“现在好了，我每天是猪八戒吃窖糠——酒足饭饱，晚上还能去钻《地道战》看《白毛女》。”惹得全场大笑，“忆苦”的气氛被冲淡了，思甜的气氛变浓了。

讽刺性演讲对听众心灵的撞击猛烈，多在鼓舞信心或在讽刺邪恶时稍微加些幽默。由于讽刺性演说分量重，严肃、庄重，所以不宜过多地施加幽默，否则有可能破坏其固有的庄重的氛围。

说理性演讲是一种以谈形势、作传达的政治报告和学术报告为内容的演讲。这类演讲着重通过说理来折服人。说理过程要求生动、形象，这就使幽默的施加分量可适当增加。

有一次，著名遗传学家谈家桢教授在演讲时，讽刺有些人过于赶时髦，自诩为“米丘林学派”，打击摩尔根学派。谈教授幽默地说：“有人喜欢贴标签，自己不好意思贴，还请别人贴。一提摩尔根学派就大骂‘主观’、‘唯心’，‘反动’、‘反革命’也出来了，用心好苦啊！”话说到这里，那些搞学术一言堂的人都羞得红着脸低下了头。

这就是说理性演讲的幽默效果。

陈述性演讲则是一种漫谈式的，无特定主题的即兴、随意演说，是轻型演说，“无标题音乐”。因为演讲本身内容自由，幽默也更无拘束，可以通篇幽默。

著名的作家和大师王蒙先生，像他的许多著名作品一样诙谐、机智与幽默，辛辣、豁达与乐观。一次，王蒙先生应邀到上海某大学演讲，学生们的积极性不是很高，所以他便以幽默的方式开了话头，他说：“由于我这几天身体不太好，感冒咳嗽，不大能说话，还请大家谅解。不过，我想这也不一定是坏事，这是在时刻提醒我——多做事少说话……”他的这句幽默开场白立刻把台下同学的情绪调动起来了。

王蒙的整个演讲过程，幽默不断，掌声不断。在提到读者与作者的关系及如何更好地把握一部作品时，本来是个评论性的严肃话题，但他很幽默地说：“……我希望大家在评论一部作品时，不要轻易下结论，要反复地多读几遍，读透、读懂。千万不要像有些人那样，看到我走路先迈左脚，就说‘王蒙犯了左倾主义’；看到我先迈右脚，又说‘王蒙

又犯了右倾主义'；如果我因为感冒咳嗽用手绢擦了擦流出的鼻涕、眼泪，他就喊'王蒙现在又沮丧、颓废啦'……"这辛辣、形象的话语，充满了幽默感。在座的学生完全被他的演讲所吸引，同学们的热情可以说达到了高潮，在他演讲完之后，有些同学对他似乎还是恋恋不舍。

幽默的结束语，为演讲画上一个完美的句号

演讲的结束语多种多样，幽默式是其中较有情趣的一种。演讲在笑声中结束，能给演讲者和听众双方都留下愉快美好的回忆，也是演讲圆满结束的标志。

结论是演讲最重要的部分之一，如果引言是你给大家的最初的印象，那么结论就是你给人们留下最后印象的机会，在决定听众能否记住你和评价你的演讲水平方面起着至关重要的作用。

鲁迅先生在结束《在上海中华艺术大学的演讲》时说："以上是我近年来对于美术界观察所得的几点意见。今天我带来一幅中国五千年文化的结晶，请大家欣赏欣赏。"

说着，他一手伸进长袍，把一卷纸徐徐从衣襟上方拿出，打开一看，原来是一幅丑陋的月份牌，顿时全场大笑。

鲁迅先生幽默的反语结合着恰到好处的动作表演，使演讲在欢快的气氛中结束，而且使听众在笑声中进一步品味先生话中的深意。

全天的高层会议中，尼尔·拜伦是第 18 个演讲者，也是最后一个演讲者。他知道听众们已经厌烦了，于是他把自己长达五页的演讲浓缩

为下面的几句话，也是他在这次演讲中唯一的几句话：

“感谢大家为我们的闭幕大会留下来，我当然希望保留到最后的是最好的。我的演讲主题是‘如何在销售工作中保持持久的激情和耐力’。关于这个主题我不打算多说废话，因为大家只需要转过身去，与自己桌子对面的人交谈感受和意见就可以了，相信在座的切身感受会比我讲的深刻得多！”

会场疲惫的气氛一扫而空，与会的听众欣慰地把最热烈的掌声给了他。尼尔·拜伦深谙听众的心理，知道在这种厌倦的氛围里，无论多么动听的演讲都是白费，于是索性把主动权丢给听众，把演讲内容与听众切身感受结合起来，幽默风趣，又简练有力。

并非凡是简短的演讲结束语都能取得好的效果。除了简短之外，还须内容精彩，寓意深远。这就尤其需要借助幽默的力量来达成。

艾森豪威尔在担任美国总统之前，曾担任过哥伦比亚大学的校长。在一次宴会上，几位名人作了长篇演说，可是主持人最后还请他讲话。艾森豪威尔一看时间已经不早，决定删去他已经准备好的演说内容，站起来即兴发挥：“每一篇演讲不管它写成书面的或其他形式，都应该有标点符号，今天晚上，我就是标点符号中的句号。”大家立刻报以热烈的掌声。后来他对别人说，那是他最著名的演说之一。

结论的最后几句要特别斟酌，让听众闻之终身难忘。可以依托会场的情境，找出与听众之间的一个情感上的联系点，让听众大笑，让听众思考，让听众站起来为演讲者而鼓掌。

罗纳德·里根总统曾经在一个不寻常的时间空当——午宴之前发表过讲话，他的最后两句话就很巧妙：“感谢你们，愿上帝保佑你们。下面是你们期待从我嘴里听到的话：‘我们吃饭吧！’”

以幽默应付临场意外

面对所有可预料的或者不可预料的，优秀的演说家都能自如应对，而幽默往往是对付各种意外事件的有力武器。

演讲或是宣讲道理，或是阐述事实，或是表达观点，都不可能完全得到听众的赞同。演讲者有时会遇到一些意外情况，比如听众寥寥无几，有人故意捣乱，听众提出刁钻古怪的问题，听众反对演说者的观点等。

遇到这些情况，千万不能气馁、动怒、粗鲁对待，那样会使演讲遭到惨败。除了要胸襟豁达，要宽容善待，更要注意善于运用幽默语言的魅力，为自己的演讲创造继续下去的契机。

美国钢铁工会主席亚伯当选该职时，到一个城市去演讲，恰巧这个地方的群众一大半是反对他而投票给另一个候选人的。他并没有为身陷反对者的包围感到发窘，反而说："谢谢你们，要不是你们的支持，我不可能当选。"

在演讲中，幽默就像暖暖的春风，可以吹散人们心中的敌意，可以缓解人们内心的焦虑，缩短彼此间的距离，即使在不愉快中也能破除尴尬，制造出令人轻松愉快的心情。

有一次，林语堂在美国哥伦比亚大学讲授中国文化课，对中国文化大加赞誉。一位女学生不服气地发问："林博士，你是说，什么东西都

是你们中国的好，难道我们美国没有一样东西比得上中国的吗?”这是一个不好回答的问题，如果演讲者反过来赞扬美国，不利于演说的主题；如果严肃地表示美国不如中国，会引起在座学生的敌意。

林语堂只是轻松地回答：“有的，你们美国的抽水马桶就比中国的好嘛。”

他的话引起哄堂大笑，气氛活跃而和谐，发问者对这一回答也无话可说。

在演讲中遇到听众有不同意见，不可漠然视之，如果不予恰当的处理，后面的演讲将难以顺利进行。有时演讲者还会碰到恶意的攻击或咒骂，如果演讲者勃然大怒或与之对骂，将损害演讲人的形象，使捣乱者的预谋得逞。而幽默能使激化的矛盾变得缓和，避免出现一些令人难堪的场面，化解双方的对立情绪，使问题得到更好的解决。

深受美国人民爱戴的美国前总统林肯的容貌很难看，这本来是讨人喜欢的一个障碍。林肯认识到这一点，但并没有回避它，反而利用它拉近了与人们的距离。

一次，林肯在台上演讲，他的政敌在台下大喊说林肯是两面派。林肯抬起头，以平和的态度说：“现在，让听众来评评看，要是我有另一副面孔的话，我还会戴这付难看的面孔吗?”

林肯用幽默体现了他的真诚，赢得了人们的理解，更表露了人们所需要的人性和人情味。

英国前首相威尔逊有一次在民众大会上演讲，遇到一些激烈的抗议，一名抗议者高声骂道：“垃圾!”威尔逊镇定地说：“先生，关于你特别关心的问题，我们等一会就讨论。”

他巧妙地将抗议者的谩骂转为现实生活中需要解决的一个问题，为自己解了围，并使会场气氛松缓下来。

幽默，不仅能缓解矛盾的冲突，还是心灵沟通的艺术。人们凭借幽

默的力量，打碎自己的外壳，主动地与人交往，触摸一颗颗隔阂的心，通过幽默使人们感受到你的坦白、诚恳与善意。

美国总统里根曾回到他的母校，在毕业典礼上致辞时，他嘲笑自己在学校的成绩。他说道："我返回此地只是为了清理我在学校体育馆里的柜子。但获此殊荣，我心情十分激动，因为我过去总认为只有得到第一名才是荣誉。"

这一番演讲展示了他的另一面，表达了对自己读书时未尽全力的懊悔，也是对广大学子努力学习的最好劝导，取得了良好的效果。

第十章

工作幽默诀窍：挥洒职场中的迷人魅力

同一起跑线，同样的实力，为什么有的人那么容易就获得了成功，而有的人却总是徘徊在失败的边缘？为什么有的人很轻松就平步青云，左右逢源，而有的人却总是四处碰壁，找不到出路？这，就是是否巧妙掌握职场幽默的巨大差别。

用幽默沟通打造你的人脉

人都是理性化的，所以处处都存着戒备之心；人也是情绪化的，笑能够使人松弛神经，打开对方的心门。激活人脉，打通关系，幽默的力量不可小觑。

严肃的交谈与例行公事般的来往，往往给人一种戴着假面具的感觉，也似乎只能让人了解你的外表，却无法探知你的内心，这样的交流是极难深入下去的。而没有心灵沟通的社交，不能算是成功的社交，无法打造你的人脉。幽默可以让人们看到你的另一面，一个似乎是本质的、人性的、纯朴的一面，这是人性的共同之处。

奥地利精神分析大师弗洛伊德讲过："最幽默的人，是最能适应的人。"没错，在现实生活中，幽默的人总是能恰到好处地处理遇到的人际关系尴尬，使自己的人脉存折越来越充实。

一次，美国总统里根在白宫钢琴演奏会上讲话时，夫人南希不小心连人带椅一起跌落在台下的地毯上。正讲话的里根看到夫人并没有受伤，便插入一句："亲爱的，我告诉过你，只有在我没有获得掌声的时候，你才应这样表演。"台下响起了一片热烈的掌声。

原本是一件令里根非常尴尬的事，在这时如果埋怨或者置之不理都会令人不快，不光是台下的人不快，也包括台上的人。而里根运用幽默化险为夷，出奇制胜地获得了极佳的效果，显露出他的机智、豁达，拉

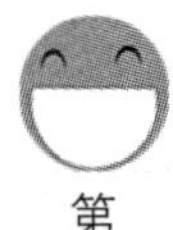

近了和观众的距离，这是运用幽默进行社交的范例。

幽默是一种人格魅力的体现。在娱乐界，有许多走红的主持人属于那种相貌平平的人，那么，为什么他们会如此受人欢迎呢？原因在于，他们主持节目时的轻松挥洒的幽默技巧弥补了外观条件的缺憾。看似貌不惊人的他总是在节目中迸出一连串令人喝彩的幽默话，调动起全场观众的激情。这往往能够让人们忽视他的外在，而更加注重他的人格魅力。

有一个著名销售员谈到自己工作方法时是这样说的：

"有很多时候，在我跟我的客户打交道时，即使生意谈成了，但每次客户都不觉得我是在和他们谈生意，而是觉得自己多交了一个朋友。幽默大概是一种性格吧，这与个人的修养等有关系，比如我自己，喜欢周星驰，喜欢他的幽默，也喜欢他在很多电影里处事的态度和方法。总而言之，我觉得待人要真诚，在真诚的态度下，用幽默的方式处理事情，很多东西就会事半功倍的。"

一个人想要打造自己的人脉，就难免要进行人际交往，在社交活动中，幽默就是最好的捷径。

小丽是一家公司的公关部经理，人长得很漂亮。一天，经理让她和他一起去参加一个宴会。在宴会上，她简直迷倒了宴会上所有的男人。这不仅仅是因为她的美丽，更是因为她的幽默和大度。

宴会上一个十分可爱的小女孩在拿起酒杯向别人敬酒时不小心碰了她一下，酒洒在了小丽那洁白的套裙上。小女孩的父母看到了，立即过来向她道歉，小女孩看到父母着急的样子很害怕，她害怕漂亮阿姨会责怪她。

小丽当时愣了一下，立即笑着对小女孩的母亲说："没关系的。"然后指着裙子上的花朵对着小女孩幽默地说："你看阿姨衣服上面的这朵花漂不漂亮啊？"小女孩睁着可爱的大眼睛说："漂亮。"周围的人看了

都为小丽的宽容豁达和幽默机智而倾倒。

心理学家凯瑟林告诉人们："如果你能使一个人对你有好感，那么，也就可能使你周围的每一个人，甚至是全世界的人，都对你有好感。只要你不是到处和人握手，而是以你的友善、机智、风趣去传播你的信息，那么空间距离就会消失。"

幽默应答，敲开职位的大门

幽默是人的一种气质，一种修养，更是一种境界。用幽默的方式来表达自己的观点，在尽情展示自己之余，无形中增进了人际沟通的效能，也增加了别人对你的好感。

在求职面试中，如果能巧妙地增加些幽默的元素在里面，或许更容易得到面试官的青睐。毕竟，有笑声就没有战争，笑声能起到春风化雨之效。

李飞去一家跨国公司应聘一个炙手可热的职位，简历寄出去后大概两星期，对方就将"抱歉未能录用"的邮件反馈了回来。但是可能是由于系统错误，对方发了两封抱歉信给他。李飞毫不犹豫地回了一封信，信中说"既然您对未能录用我如此遗憾，为什么不给我一次面试机会呢?"面试官被这封幽默来信所打动，给了他一次面试机会。而在接下来的面试中，李飞以他的幽默和机智争取到了那个职位。

面试中的幽默有助于应考者展示最佳自我，这远比厚厚一叠的履历表和工作经验更能打动考官。

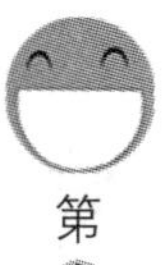

一个很有领导能力的大学毕业生刚毕业，正急于寻找工作。一天他冲进加州一家报馆，对经理说：“你们需要一个好编辑吗？”

“不需要。”

“那么记者呢？”

“不需要。”

“那么排字工人呢？”

“不，我们现在什么空缺也没有！”

“那么，你们一定需要这个东西。”这个大学生从公事包中拿出一块精致的牌子，上面写着“额满暂不雇用”。经理看了看牌子，笑起来。他立刻给老板打了个电话，把这件事说给他听。随后，经理笑嘻嘻地对他说：“如果你愿意，请到我们广告发行部来工作。”

后来这个年轻人成了这家报馆出色的经理，他使报纸的日销售量从五六万份提高到三十万份。

一个星期五上午，莉莉突然接到一个面试通知。在外逛街的她来不及换装，只好穿着牛仔裤硬着头皮去了。经过口语听力测试、电脑水平测试后，主考官的表情告诉莉莉非常满意。

这时，主考官突然冷不丁地问她：“请问你为什么穿牛仔裤来参加面试呢？”莉莉急中生智，快速答道：“今天不是周五吗？周五不是贵公司的‘便装日’（Casual Day）吗？”

原来在这家公司的门口贴着一大幅漫画。上面的公司职员都穿睡衣，着拖鞋，睡眼惺忪的模样，旁边标注着大写的“Friday（星期五）”。主考官哈哈大笑，连声夸赞她的应变能力，莉莉自然顺利地得到了那份工作。

顺水推舟，幽默地解决工作中的困难

幽默作为一种才能，是各行各业都需要的，是我们每个人都需要的。可以说，幽默是事业的助推器。

在激烈的社会竞争中，人与人之间充满着争执、冲突、竞争。想要提升自己的处世竞争力，做人做事一定要讲究策略和技巧，幽默的话语不只可以轻松地生活，还能在工作困境中替自己解围。

有位年轻的女推销员挨家挨户推销大英百科全书，获得了相当惊人的成绩。那她是怎么做的呢？

“很简单，”她得意地闪烁着双眼说，“我总是在夫妇俩都在家的时候去拜访，然后向丈夫说明来意，列举这本书的实用价值和博大精深的内容；但是我故意压低声音，那位坐在旁边的太太就会一字不漏地注意倾听。这样，在丈夫征求妻子是否同意时，就很容易取得一致意见。”

卡普尔曾担任过美国电话电报公司的最高行政领导。在他任职期间，有一次主持股东会议，会上人们对他提出了许多质问、批评和抱怨。会议气氛颇为紧张。其中有一个女人不断提出质问，说公司在慈善事业方面的投资太少了。

她厉声问：“去年一年中，公司在这方面花了多少钱？”卡普尔说出一个几百万元的数字。

“我想我快要晕倒了！”她说。卡普尔面不改色地解下自己的手表和

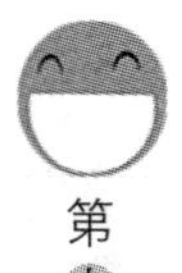

领带放在桌上，说："在你晕倒之前，请接受这笔投资。"在场的大多数都股东笑起来。

卡普尔的幽默表达了一个重要信息：企业很重视人性的需要，他本人也确实关心。如果有必要的话他可以牺牲自己，但资金有限也是事实。完美地"借力使力"，让他摆脱了董事会的指责。

一句幽默的戏剧性语言和一个幽默的戏剧性行为，其效果远远超过了一份长篇小说般的工作报告。

幽默充满了机智，它来源于生活，还可以解决棘手的实际问题。即使在意外发生时，幽默也是一枚开心果，让大家转忧为喜。

有一次写字楼过道里的电力系统出了问题，直冒白烟，办公室顿时一片黑暗。人们闻到异味后都冲出来看个究竟，老板对助理大声吼道："到底发生了什么事情?"助理手里正好拿着一本上午从保险公司领的健康手册。为了缓解当前的气氛，助理扬了扬手中的健康手册，微笑着答道："别担心，我们正在研究自救手册，看看在危难情况下如何保护自己。"老板不禁大乐，一改责备的口气，正色说："为什么不给我一本呢?"

面对老板的质问，任何解释都可能招致一通责骂。聪明的助理顺水推舟，利用幽默语言，将一场危机化险为夷。

小彭在外企任职中国区市场部总监助理时，被迫在年会上念一份谁也不信的新年度市场开发规划报告。虽然他的上司也知道这个任务有点天方夜谭，但仍强令他这么做。宣读报告时，会场下面嘘声一片。

亚太区总裁问他："彭助理，你是在说谎或者在讲童话故事吗?你能对这份报告负责吗?"小彭索性学西方人的习惯动作，耸耸肩膀，一缩脖子说道："对不起，先生，我不能负责，因为这是大家的智慧，大家来负责才更公平!"

这时会场一片笑声，会后亚太区总裁不得不修改了年度目标，为大家制定了合理的目标。

做一个幽默感十足的同事

严肃、紧张的办公室气氛常常使人们感觉工作一天的劳累，偶尔来一两句小幽默，会松弛一下绷紧的神经，会让工作的步履更加轻盈。

一般人都喜欢和有幽默感的人一起工作，从一份以企业老板为对象的问卷调查中发现，老板也比较喜欢雇用有幽默感的员工。因为无论工作再紧张，如果身边有几个“活宝”在，就会不时爆出一阵一阵的笑声。

一次午休时间，大家挤在一起看康震教授在“百家讲坛”开讲《苏轼》。小顾见状走过来插话说：“苏轼！我知道，他又叫苏东坡。”一旁的小叶来劲了，冲着小顾讥笑道：“又来了，你肚子里的东西倒蛮多嘛！那我考考你，‘三苏’是说哪三个人?”

只听小顾马上脱口而出：“爸爸叫苏联，儿子叫苏东坡，女儿叫苏格兰。”同事们顿时面面相觑……不待大家缓过神，只听小叶笑着骂道：“低能啊！苏家都跑到英国去了。”小顾不示弱：“你这也不知道呀，苏格兰就是大名鼎鼎的苏小妹。”

众人再也忍不住，哄堂大笑起来，一天的疲惫一扫而尽。

不得不承认，即使对工作狂来说，上班也是件辛苦的事，不说手里一大堆要做的工作，只是正襟危坐八个小时，骨头也要酸了。所以领导者要注意把工作环境营造得温馨和谐，大家心情好了，干劲足了，效率也就提高了。

小王和小李都是刚进某公司上班的小青年，小王血气方刚，容易冲动，而小李则比较沉稳，具有幽默感。有一次，两人因工作发生了冲突，小王就怒气冲冲地把小李拉到外面的走廊里，要找个时间选个地方跟小李决斗。

小李说："单挑我可不怕你。不过，由我决定时间、地点及武器。"小王同意了。小李说："时间就是现在，地点就在走廊里，武器就是空气。"

小王一愣，然后两人哈哈大笑起来，他要做的只有挠小李的胳肢窝了。从此，两个人成了好朋友，再也没有发生过冲突。

幽默就具有如此神奇的力量，能给你带来很多意想不到的好处。幽默能使你成为一个受欢迎的人，使别人乐意与你接触，愿意与你共事。

卖个关子，唤起顾客的好奇心

好奇心是人类所有行为动机中最有力的一种，唤起顾客好奇心的具体办法灵活多样，要尽量做到神秘莫测又幽默风趣，得心应手又不留痕迹。

富勒公司是美国最大的生产黑人化妆品的企业，而约翰逊公司是一家只有一百万美元注册资金的黑人化妆品生产商，两者简直没有可比性。可是现在，约翰逊公司的知名度已经与富勒公司并驾齐驱了。约翰逊公司的生产规模一直不大，广告投入也少，那么它是怎样获得这种效应的呢？

很简单，约翰逊公司除了保证产品质量外，它靠的就是别具特色的推销法。它在自己的广告中这样说：“富勒公司是化妆品行业的金字招牌，您真有眼力，买它的化妆品算了。不过您在使用它的化妆品后，再涂上一层约翰逊公司的水粉护肤霜，准会收到意想不到的奇妙效果。”

那些买得起富勒化妆品的黑人，并不在乎多买一瓶约翰逊水粉护肤霜试试，借此契机，约翰逊的产品也就堂而皇之地走进了千家万户。

约翰逊公司就是通过富勒公司的产品名声“卖”了一个“大关子”，唤起了购买富勒公司产品的客户的好奇心，然后在此基础上将自己的产品推销出去。

推销员在与顾客面谈时，需要适当的开场白。好的开场白就已经是推销成功的一半了。在实际销售工作中，推销员可首先唤起客户的好奇心，引起客户的注意和兴趣，然后道出商品的特色，并迅速转入正式面谈阶段。

在一次贸易洽谈会上，卖方对一个正在观看该公司产品说明的买方说：“你想买什么呢?”

买方说：“这里没什么可买的。”

卖方说：“对呀，别人也这样说过。”

当买方正为此得意时，卖方又微笑着说：“不过，他们后来都改变了看法。”

“哦？为什么呢?”买方好奇地问道。于是，卖方开始进入正式推销阶段，公司的产品最终得以卖出。

当买方没有明确表达自己的购买想法时，卖方也没有直接向他述说自己公司产品的情况，而是设置了一个疑问——“别人也说过没什么可买的，但后来都改变了看法。”——从而引发了买方的好奇心。于是，卖方有了向其推销产品的机会。

有时候为了接触并吸引客户的注意，还可用一些大胆的陈述或强烈

的问句来开头。幽默地设置几个悬念，从而引“顾客”入胜。

20世纪60年代，美国有一位非常成功的销售员乔·格兰德尔。他有一个很有趣的绰号，叫“花招先生”。他在拜访客户时，首先会将一个三分钟的蛋形计时器放在桌上，然后说：“请您给我三分钟时间，三分钟一过，当最后一粒沙穿过玻璃瓶后，如果您不希望我继续讲下去，我就离开。”

他在推销产品时，会利用蛋形计时器、闹钟、二十元面额的钞票等各式各样的花招，使自己有足够的时间让顾客能静静地坐着听他讲话，并对他所卖的产品产生兴趣。

在推销过程中，有经验的推销员都能使用幽默的语言艺术创造一种轻松愉快的场面。而当与客户产生意见分歧时，幽默的语言又能转移或搁置矛盾，化解或缩小分歧。同时，在阐述意见和要求时，幽默的语言既能清楚地说明自己的观点，又不致引起对方的不良反应。

如果卖的是电脑，首先不要问客户有没有兴趣买电脑，或问他们是不是需要一台电脑，而要问：“您想知道如何用最好的方法让你们公司每个月节省五千元钱的营销费用吗？”这类问题可能更容易吸引客户的注意力。

“您知道一年只需花几块钱就能防止火灾、水灾和失窃吗？”保险公司的推销员开口便问顾客，对方一时无以应对，但又表现出很想了解的样子。此时推销员要赶紧补一句：“您有兴趣了解我们公司的保险吗？我这里有二十多个险种供您选择。”这样就勾起顾客的了解欲望，从而有了进一步协商的机会。

推销员每促成的一笔交易，不但是工作的任务，也是对顾客的一种责任。事实证明，交易能否成功，在相当大的程度上都取决于推销员对客户进行诱导的方式。一般来说，善于使用幽默诙谐语言“卖关子”的推销员更容易做到，因为，没有人能抗拒好奇心的诱惑。

职场幽默要慎用

使用幽默不是一件容易的事，它是对生命张力的一种松弛，一种释放，一种缓解。幽默要用对场合，更要用对时机，需要我们用谨慎的态度对待它。

人人都喜欢幽默睿智之言。幽默需要胸怀，需要机智，需要自嘲，需要心灵的火花闪耀，需要对人的关怀，需要对人的博爱，唯一不需要的就是对别人毫无顾忌的“开涮”，即使是善意的。

一位中学教师到某地出差时，拎了一兜香蕉去看望一个年前转职新近升为副处长的老同学。老同学心宽体胖，雍容富态，开门见是同窗好友，一边让进屋，一边指着他手中的提兜戏谑道：“你何时落魄到走门子了？本处长清正廉明，拒绝歪风邪气腐蚀贿赂。”本来是一句戏谑的调侃，却使教师自尊心受了伤，他顿生反感，扭头就走了。

由此可见，过分的幽默或者不恰当的幽默会使别人处于难堪之中，不但达不到调节气氛、联络感情的效果，反而会无意中伤他人自尊心。

职场中尤其如此，同事之间、上司和下属之间，适时地开几句玩笑，会达到一种彼此平等、团结一致的效果。然而一些不恰当的玩笑，会让人感到被歧视了，失去了交际的平等感，使他人受到伤害或陷于焦虑之中。

小王生性散漫，总是忘记刮胡子，因此多次被批评，但积习难改。

一天经理找他谈话，这位主管劈头就问道："小王，想一想，你身上最锋利的是什么呀？"小王愣了一下，掏出水果刀说："就这把水果刀了。"

经理摇头说："不见得，我看倒是你的胡子。"小王不解："为什么？""因为它的穿透力特别强嘛。"经理的潜台词是，小王你的脸皮真厚。小王反应过来以后，脸气得通红。

由于讥讽幽默的严重负面效应，在职场使用幽默对别人进行批评时就要仔细推敲，以免让人产生被嘲笑、被捉弄的感觉。

不可否认，在职场，许多时候做人比做事更重要，聪明的人与其把职场当成厮杀的"战场"，不如当它是个"秀场"。善用幽默制造职场"笑气"的人，既能扮演同事之间的润滑剂，也能让自己的工作进行得更顺畅。

然而，许多人却不知道善用这个利器，或不知道怎么用，甚至不得其法而弄巧成拙。青青是个报关员，她脑子快、言辞犀利，还有丰富的幽默细胞，是公司的一颗"开心果"。但如此可爱的青青，却得不到老板的青睐。

青青工作非常努力，有时为了赶时间，一大清早就要赶到海关报关。满身疲惫回到办公室，老板不仅不体谅，还不分青红皂白地说她迟到、旷工。青青委屈极了，向闺密求教。闺密启发她，"你平时有没有在言词上对老板不敬啊？"

这么一问，青青想起来了，自己平时就爱与同事开玩笑，后来看老板斯斯文文，对下属总是笑眯眯的，胆子一大，就开起了老板的玩笑。一天，老板一身簇新地来上班了，灰西装、灰衬衫、灰裤子、灰领带。青青夸张地大叫一声："老板，今天穿新衣服了！"老板听了咧嘴一笑，还没来得及品味喜悦的感觉呢，青青接着来了："像只灰耗子！"

本来老板听到上一句话正在高兴着呢，但是没想到又来了下一句，这下把本来十分高兴的心情也给破坏了。

开玩笑的确可以拉近同事间的距离，缓和人际关系，但是像这样带有一定人身攻击的“黑色幽默”，就似乎让人难以接受。

幽默在很大程度上是一种机智性应对，别人如果对幽默做出相应的反应，将是一场脑力激荡的游戏。如果不喜欢这种游戏，或感到有压力，就容易排斥别人的幽默。如果难以断定能否说出大家都喜欢听的话时，最好的方法莫过于沉默，沉默是金，此时无声胜有声。否则就可能是夸夸其谈，口无遮拦，出口伤人了。

多点幽默，谈判也会很轻松

美国幽默大师罗伯特·奥本说：“每天早上起床后，我都看一遍福布斯美国富翁排行榜。如果上面没有我的名字，我就去上班。”这是一句多么幽默的话语，不仅给人带来了快乐，也温暖了自己的心灵。幽默，是快乐的精灵，很多时候，我们都需要运用幽默的语言来营造良好的谈话氛围。在日常工作中，许多人会表现得很严肃，他们总认为凡事都应该认真对待，开不得半点玩笑，否则会坏了大事。其实，事实并不是这样，幽默恰恰能够为枯燥的工作带来快乐，为紧张的人缓解压力，在轻松的氛围中，无论工作或是聊天，彼此都会感到轻松不少。尤其是在谈判场合，更需要我们恰当地运用幽默来创造良好的谈话氛围，化解谈判过程中的尴尬，最终促成谈判。

美国谈判大师荷伯·科恩曾说：“世界是一张巨大的谈判桌，谈判存在于生活的方方面面，很多时候，我们自觉或不自觉地就成了某个谈

判的参与者。”在日常工作中，谈判更成为我们工作中一项必不可少的内容。大多数人认为，谈判应该是庄重的、严肃的，其实，若是在谈判中插入幽默的语言，不但可以缓和紧张的形势，营造出友好的谈话气氛，还可以缩短彼此之间的距离，钝化对立感，使整个谈判变得更融洽。在国际谈判中，幽默的语言可以使整个谈话更加顺利，彼此化干戈为玉帛，从而避免战祸；在商业谈判中，幽默的语言可以让氛围轻松、尴尬不再，可以为你赢得新的合作伙伴。

丘吉尔是一位善于使用幽默语言的首相，尤其是在谈判中，他经常使用幽默语言，每次都获得了不凡的效果。

1943 年，英国首相丘吉尔与法国戴高乐将军因叙利亚问题产生了意见分歧，因此，两人心中都存有芥蒂。而在这之前，被丘吉尔颇为看重的布瓦松总督被戴高乐逮捕了，对此，双方都感觉问题变得有些棘手，要想解决这个问题，只能面对面谈判。当时，丘吉尔的法语讲得不是很好，而戴高乐的英语却讲得很漂亮。

两人见面后，气氛开始变得紧张起来，丘吉尔先用法语打招呼：“女人们先去逛市场，戴高乐和其他的先生跟我去花园聊天。”然后，他高声地用英语说：“我用法语对付得不错吧，是不是，既然戴高乐将军英语说得那么好，一定可以完全理解我的法语。”话音刚落，戴高乐将军以及其他人都笑了起来。丘吉尔的这番话消除了之前紧张的气氛，建立了良好的谈话氛围，使整个谈判得以顺利进行。

丘吉尔与罗斯福的谈判，同样也是运用幽默奠定良好谈判氛围的典型例子。在第二次世界大战时，英国武器短缺，丘吉尔来到华盛顿会晤美国总统罗斯福，请求军需物质方面的接济。由于第二天要进行会谈，凌晨时分，丘吉尔还躺在浴盆里，抽着雪茄，思考着问题，没想到，这时罗斯福突然走了进来，两人相视顿时愣住了，丘吉尔笑了，说道：“总统先生，大英帝国首相在你面前可真是没有半点隐瞒啊！”说罢，两

人都不约而同地笑了起来，而此次谈判也成功地推动了英美两国的合作。

如此看来，幽默的语言是谈判过程中的润滑剂，同时，也是化解谈判僵局和消除紧张气氛的良药。在谈判过程中，双方往往会因为一些主客观的问题各执一词，互不相让，这时，若不及时消除分歧，必然令谈判陷入僵持局面。对此，一些高明的谈判者会运用幽默的语言，化解尴尬，使谈判脱离僵持的困境，双方最后达成一致的协议。

现代社会，随着市场经济的发展，我们谈判的机会在不断增加。而在谈判中，越来越多的谈判者认识到幽默的力量，因而，幽默的语言也成为每一个谈判者获得谈判成功的重要因素。

许多人在谈判中都会有胆怯、不安的心理，这时，如果使用幽默的语言，就可以消除对方这种心态，使彼此在一个轻松的氛围中谈判。

如何用幽默的语言拒绝上司

在工作中，对于上司提出的不合理要求，很多人都不懂得该如何去拒绝，往往会因为情面的问题而违心地说“是”。其实，这样对双方都不好，事情办不好可能会对公司造成一定的损失，而自己也会给上司留下不好的印象。当然，没有人喜欢被拒绝，更何况是上司，所以，在工作中不要急切、直接地表达出自己拒绝的立场，而要善于使用幽默的语言，巧妙地拒绝上司，既不会驳了上司的情面，又能够得到上司的同意，尽量降低拒绝产生的负面效应。

拒绝，意味着否定他人的意愿或行为，稍有不慎，就会伤害到对方的自尊心。在日常工作中，有时候，我们难免需要拒绝上司的一些要求，这时，幽默的拒绝方式能让对方不受到伤害，而是在轻松的氛围中理解你的处境。拒绝的话不好说，一旦说得不好很容易得罪人，所以，在拒绝对方的时候，最重要的一点就是含蓄委婉。若拒绝时直接把“不”字说出口，不委婉、不含蓄，会让对方难以接受。当然你也可以故作深沉，然后突然点破，让上司欢笑中失望，从而理解你的处境。

甘罗的爷爷是秦朝的宰相，有一天，甘罗看见爷爷在后花园走来走去，不停地唉声叹气。甘罗好奇地问道：“爷爷，您遇到什么麻烦了？”爷爷垂头丧气地说：“唉，孩子呀，大王不知听了谁的挑唆，要吃公鸡

下的蛋，命令满朝文武去找，要是三天内找不到，大家都得受罚。”甘罗听了，气呼呼地说：“秦王太不讲理了。”

突然，他眼睛一眨，想了个主意，说：“不过，爷爷您别急，我有办法，明天我替您上朝好了。”第二天早上，甘罗真替爷爷上朝了。他不慌不忙地走进宫殿，向秦王施礼。秦王很不高兴地问道：“小娃娃来这里干什么？你爷爷呢？”甘罗不急不慌地说：“大王，我爷爷今天来不了，他正在家生孩子呢，托我替他上朝来了。”秦王听了哈哈大笑：“你这孩子简直是胡言乱语！男人哪能生孩子？”眼看气氛到了，甘罗趁机说：“既然大王知道男人不能生孩子，那公鸡怎么能下蛋呢？”秦王笑了，马上收回了自己颁发的指令。

面对秦王提出的不合理要求，甘罗幽默地指出了其中不符合情理的地方，婉言拒绝的同时，也使秦王在欢笑中明白了自己行为的荒谬。而在日常工作中，当我们无法满足上司提出的不合理要求的时候，也可以用幽默的语言来巧妙拒绝。在轻松诙谐的话语中设一个否定或者讲述一个精彩的故事，这样，既避免了让上司难堪，又转移了上司被拒绝的不快。

所以，工作中，面对上司的一些无理要求或自己确实难以办到的事情，我们在拒绝的时候，不妨把话说得幽默点。下面，就教你几种幽默的拒绝方式，希望在你想拒绝上司时能够用到。

1. 故意胡搅蛮缠

比如，面对上司相约去钓鱼的要求，“妻管严”丈夫回答：“其实我是个钓鱼迷，很想去的，可结婚以后，周末就经常被没收了。”上司哈哈大笑，也就不再勉强他了。

2. 假设法

有时候面对上司的要求，你可以用假设的方法，虚拟出一个可能的结果，而这个结果正好是你拒绝的理由。比如，面对女友求爱：“如果

我们结合，有一个孩子，他有着和你一样的脑袋，和我一样的身姿，那该多美妙啊！”萧伯纳回答：“依我看那个孩子的命运不一定会那么好，假如他有我这样的身体。你那样的脑袋，岂不是很糟糕了吗？”

3. 点明其不合理性

面对上司的要求，你可以含蓄地指出对方行为的不妥之处，点明其不合理性。比如，罗西尼的朋友在他生日之际集资了2万法郎，想为他立一座纪念碑，罗西尼并没有正面回答，而是提出一个不切实际的想法：“给我这笔钱，我自己站在那里就好了。”含蓄指出朋友这样的做法太奢侈。

在日常工作中，对于上司提出的要求，我们不能总是说“是”，一定要学会拒绝。有的人害怕说“不”，结果不仅使自己陷入了尴尬之中，也使上司有所误会，甚至，会造成与上司之间关系的不融洽。那么，为了缓解直接拒绝带来的负面影响，不妨往里加一点幽默的调料吧，这样，既维护了上司的面子，又给自己解了围，可谓是“一举两得”。

巧用幽默帮同事解围

林语堂先生说：“幽默是一种人生态度。”幽默的语言能使紧张的气氛顿时显得轻松活泼，化解交际中的尴尬情境。在职场中，幽默的语言无处不在，它成为我们与上司、同事交际的调节剂。其实，幽默本身就具有一种特性，一种令人愉悦的特性；幽默感更是一种能力，它能有效地影响他人心理，增进我们与他人之间的感情。有时，身边的同事会陷

入某种尴尬中，这时，我们就需要运用幽默的语言来为同事解围了。面对一些不友好的语言或尴尬的场面时，我们更不要硬碰硬，而要换个角度看问题，用幽默的语言来应对，这样就能够帮助同事摆脱尴尬情境，使整个气氛变得轻松愉快。

幽默是化解尴尬的良方，幽默的语言往往能够令人化怨为喜，从而开怀大笑。当然，幽默并不是油滑、浅薄地要嘴皮子，而是一种智慧，它在传达信息的同时，还可以应对尴尬，能够帮助同事在瞬间摆脱窘境。你的仗义相助，定能够赢得更多同事的信任。

有位老师应邀到北京某大学中文系作家班举办学术讲座。在谈到自己喜好的诗作时，他准备朗诵一段，可是诗稿放在一个学员的课桌上，他需要走下讲台去拿。教室是阶梯式的，他上台阶时，一不留神跌倒在第二级台阶上，不少学员哄堂大笑。那位老师脸红了，这时，与老师一同前来的同事接过了话筒，指着台阶说：“你们看，上一个台阶多么不容易啊，老师希望告诉我们这样一个道理：生活不容易，作诗也不容易。”那位同事的话语顿时赢得了满堂的掌声。

这时，他笑了笑，接着说：“一次不成功不要紧，再努力！”在他说话的时候，那位老师已经恢复了平静，微笑着走上了讲台，开始自己的讲座。

那位同事巧言化解了老师的尴尬，当然，在这个过程中，相信那位幽默的同事也给下面的学员留下了深刻的印象。幽默是一种说话的艺术，需要我们在特定的场合中察言观色，适时幽默几句，这样就能有效地帮助同事摆脱尴尬和烦恼了。事实上，生活中的任何事情都包含着两重性，其中的对与错、利与弊都是相对的。因此，在帮同事解围的时候，我们需要辩证地看待问题，扬长避短，这才是用幽默打圆场的真谛。

以幽默的方式帮助同事解围，这需要我们从善意的角度出发，用悦耳的话语去缓和紧张气氛，调节彼此之间的关系。这对促进我们与同事之间的关系，有着积极的意义。

第十一章

爱情幽默计策：营造最有趣的爱情氛围

爱情是神圣而又飘渺的，既令人向往追逐，又使人失意彷徨。幽默是一根闪着金光的“魔杖”，它有化腐朽为神奇的魔力，可拨开两颗心之间的重重迷雾，使你婉转而又浪漫地抵达对方的心田。

幽默地接近异性

眼前就是苦寻多年的另一半，可是如何去靠近呢？既怕惊吓了她，又不忍舍弃。此时，幽默搭讪是最牢靠的战壕，可进可退。

茫茫人海中，每个人都渴望能遇上自己梦寐以求的“梦中情人”。回家的路上，同学聚会中，或是在公共汽车上，蓦然回首间，突然在人群中看到一位似曾相识的女孩（或男孩），光芒四射，气质不凡。你深深感觉到她（或他）正是你梦中一直追寻的“天使”，这时候该怎么办？

有许多人，特别是男孩子不敢轻易尝试，总担心会遭到女孩的拒绝。其实，几乎所有女孩都以被众多男士追求而骄傲和自豪！所以，以一颗幽默的平常心走向那个漂亮女孩，勇敢地与中意的姑娘攀谈，把握好这个难得的相爱的机遇吧！

在1920年巴黎的一次舞会上，上尉戴高乐正无聊地喝着红酒。突然，他在舞会的角落发现了一位安静而且异常美丽的小姐，她托着腮凝视窗外，仿佛置身于自己编织的梦境中。戴高乐坐不住了，他不断地向那个角落扫视，并思索着如何去搭讪才不显得唐突。

他端起一杯红酒，向那位小姐走去。快到面前时，那位小姐突然转过头，嫣然一笑。戴高乐略带窘迫地说：“我非常有幸认识你，小姐，这使我非常荣幸……”“是吗？上尉。”小姐不动声色地说。“这对我来

说，是一种荣幸，一种莫名其妙的荣幸……”戴高乐原本流畅的开场白顿时结巴起来，小姐“扑哧”一声笑了，接受了他的邀请。

他们一边跳着舞，一边倾诉着，当跳完第六支舞曲时，戴高乐上尉已经和这位名叫汪杜洛的小姐山盟海誓，定下了终身。事后汪杜洛小姐告诉戴高乐，他那句“是一种莫名其妙的荣幸……”的赞美很真诚，还带有一丝淡淡的幽默味道，在瞬间打动了她的芳心。

且不说戴高乐将军“歪打正着”的幽默，一个普通人倘若遇上自己心仪的人，该如何具体运用幽默呢？

首先要有勇气，不能被漂亮女孩的傲气吓得手足无措，要尽量保持一颗平常的心，把她看做是一个很随和的人，走近她和她搭话。然后，尽可能地利用一切可见的情景、可捕捉到的任何线索幽默一下，跟她开个玩笑。俗话说：“微笑了，事情就好办了。”如果你能使他（她）露出灿烂的笑容，那下一步就容易了。

一个男生看上了人文学院一个漂亮的女生，但却不知道她的名字，也一直苦恼没有机会与她搭讪、接触。

有一次，机会终于来了，他看见那个女生独自一人走进一家牛肉面馆，便毫不迟疑地跟着进去了。他有点紧张地向这个女生开口问道：“经常在校园见你，请问你叫什么名字？”

那女生很纳闷地抬头看着他，说：“我叫意大利面啊！”她显然不想报上真名，但男生没有气馁，他红着脸，“噢”了一声，改口道：“那么，我也给自己起个面名吧，我叫加州牛肉面。”

女生冷漠的脸上立刻露出灿烂的笑容。后来，这位高傲的“意大利面”真的成了“加州牛肉面”的妻子，这就是幽默的奇异效果。

电影《阿飞正传》中就有一段很有创意的幽默情话：

在一个慵懒的下午，阿飞对着苏丽珍说：“看着我的表，就一分钟。16 号，4 月 16 号。1960 年 4 月 16 号下午 3 点之前的一分钟你和我在一

起，因为你我会记住这一分钟。从现在开始我们就是一分钟的朋友，这是事实，你改变不了，因为已经过去了。我明天会再来。”

这样幽默又有创意的情话，相信没有几个人可以抵挡得了吧！反正苏丽珍没有，下面是她的内心独白：“我不知道他有没有因为我而记着那一分钟，但我一直都记住这个人。之后他真的每天都来，我们就从一分钟的朋友变成两分钟的朋友，没多久，我们每天至少见一个小时。”

幽默求爱有妙招

幽默的求爱过程充满着智慧和情趣，即使不能情场得意，至少，也不会给以后的交往造成障碍，还可以保留一份美好的回忆。

求爱是一方的爱情发展到不可抑制的时候，向另一方表露心迹，希望得到对方爱的回报。有的朋友喜欢直抒胸臆，毫无保留地向对方将自己的感情全盘托出，甚至还做些夸张。有的喜欢鸿雁传书，情溢纸上。

而幽默者的求爱完全不同。有个青年多次向心上人求爱，可对方总是不予明确答复。正巧有一次女孩问他：“‘千金一诺’怎么解释?”他赶忙说：“‘千金’者，小姐也；‘一诺’者，答应也。意思是：小姐啊，你就答应一次吧!”女孩掩嘴而笑。

这就是幽默者的求爱方式，他巧妙地向对方传递爱的信号，从容地等待对方接受。即使遭到拒绝，也不会给自己的自尊心造成严重伤害，并且能不失体面地撤退，同时也不会给对方造成压力和难堪。这不是世故和圆滑，而是珍惜自己的感情和尊重对方意愿的表现。

有这样一个求爱含蓄表白的故事，它发生在俄国作家陀思妥耶夫斯基身上。当时他爱上了美丽的姑娘——安娜。

有一次，他放出了试探求爱的气球。他对安娜说："我正在撰写一部恋爱小说，但摸不透一个年轻姑娘的心理，还得请求你帮忙。"他在介绍了小说的构思之后，含蓄地说："书中的主角遇到了一位像你这样的姑娘，咱们就叫她安娜吧，这是多么可爱的名字。那个主角深深地爱上了安娜，但他却像我这样年老并负债累累，能给安娜姑娘带来什么呢？请问，姑娘会爱上我的男主角吗？"安娜认真地回答："为什么不能呢？如果安娜不是肤浅轻浮的女人，如果她有一颗善良敏感的心，为什么不能呢？"后来，她终于打开了自己紧闭的心扉，他们相爱了。

陀思妥耶夫斯基的表白没有采用直接的方法，而是用含蓄幽默的方法，委婉地把女主角的名字定为"安娜"，从而步步逼近直至感动安娜。

要想获得对方的好感，并进一步转化为爱情，首先要有一颗真诚的心和诚挚的情趣，更需要机智与幽默的表达。爱的表达是需要一些技巧的，需要花费一番心思，即先考虑怎样获得对方的好感与信任，再考虑怎样将好感巧妙地转化为爱情，而不是一味地死缠硬磨，使人厌恶。

制造好感是求爱的准备工作，运用新奇幽默的方式向对方求爱则可收到良好的效果。伟大的哲学家马克思也是以这种幽默婉转的方式向燕妮求爱的。

马克思与燕妮在未明确关系前，早已相知很久，但一直没有表白心迹。一天黄昏，他俩又相约于摩泽河畔的草坪上。马克思决心这次要向燕妮正式求爱。他对身边的她说："燕妮，我想告诉你，我爱上了一个人，准备向她求婚，但是不知她是否同意。"

燕妮知道这个"她"就是自己，但是仍然很激动地说："是吗？那是谁？"

马克思说："我这里有一张她的画像，你想看看吗？"燕妮点点头。于是马克思拿出一只精制的小木匣递过去。燕妮接过来，双手颤抖地打开。

里面并没有画像，只有一面镜子，镜子里正好映出燕妮羞红的脸庞。两人之间爱情的朦胧面纱就这样巧妙地揭开了，燕妮幸福而自然地接受了马克思的求爱。

女子也有主动向男子表露爱情的权力，幽默的表达法对于女子的求爱也同样适用。

冯玉祥将军当年选妻，风格独特。他先问对方："你为什么要同我结婚？"对这个问题，有的姑娘回答说："因为你官大，和你结婚就是官太太。"有的则说："你是个英雄，我爱慕英雄。"结果冯将军都不中意。

李德全小姐也来应征，在长相上她并不占优势，但是她一出口便不同凡响："上帝怕你办坏事，所以派我来监督你！"

这话机智幽默，且有豪爽之气。冯玉祥笑了，心说："就是她了。"后来两人喜结良缘。

在恋爱方面，常常有人因为不知道如何求爱，或因方法不当，或因言语不得体，使对方产生误解，甚至厌恶反感，结果造成"不成情人成仇人"，把本应是一件美好的事情变成了一件非常糟糕的事情。而幽默求爱的方式，既充满幽默情趣，又不失轻松快乐，哪个人能够轻易拒绝？

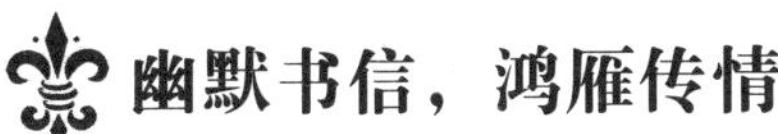

幽默书信，鸿雁传情

男女的恋爱是一种艺术，情书的写作更是一种艺术。如果说情场如战场，情书便是爱情攻坚战中最忠诚的武器。

老舍先生在33岁时就已是文坛著名的作家，但还未成婚。当时朋友们见他与胡絜青的性格和爱好比较接近，就有意撮合，轮流请他俩吃饭。

赴宴三次后，两人对朋友的好心已经领会了。于是老舍给胡絜青发出了第一封信："我们不能总靠吃人家饭的办法会面说话，你和我手中都有一支笔，为什么不能利用它——这完全是属于自己的小东西，把心里想说的话都写出来。"信写得诚恳坦率，胡絜青自然是同意了。他们相约，每天都给对方写一封信，如果哪天老舍没有收到胡絜青的信，他就像丢了魂似的坐立不安。

在求爱时期，情场上的胜利或失败，情书的写作水平至少要起一半以上的作用，因此，写情书说情话怎能不讲求技巧呢！

小楠在一所大学银行做兼职出纳员，一个漂亮的小伙子几乎每天都要到她的窗口来。他不是存款就是取钱，但小楠始终装作事不关己。

直到有一天，小伙子把一封令小楠终身难忘的情书连同银行存折一起交给她，两个人的生活才开始有了交集。

"亲爱的楠：我一直储蓄着这个想法，期望能得到利息。如果周五

有空，你能把自己存在电影院里我旁边的那个座位上吗？我把你可能已另有约会的猜测记在账本上了。如果真是这样，我将取出我的要求，把它安排在星期六。不论贴现率如何，做你的陪伴始终是十分愉快的。我想你不会认为这要求太过分吧，以后来同你核对。真诚的杰。”

情书是用来表达内心的真挚情意的，所以必须写得深情款款，才能打动心弦、赢得芳心。情书也是一种极为强烈的“印象装饰”，因它企图通过优美的文辞和修饰过的语句，来抒发情感并打动对方的心。幽默的求爱、求婚方式，似乎更有魅力，更富于使人心动的浪漫情趣。

1780年，富兰克林丧偶后在巴黎居住，他向他的邻居——一位迷人而有教养的富孀艾尔维斯太太求婚。

富兰克林在情书中说，他见到了自己的太太和艾尔维斯太太的亡夫在天堂结了婚。接下来，他继续写道：“我们来替自己报仇雪恨吧。”

这封情书被誉为文学的杰作、幽默的精品。

恋爱时，写情书好比投石问路，试探对方对自己究竟有没有“那种意思”，如果过于庄重严肃，一旦遭到回绝，势必一时在情感上承受不了，会陷入痛苦之中。如果恰当地运用幽默的技巧，以豁达的气度对待恋爱问题，即使得不到爱，也不至于懊悔，同时也避免了自尊心受到创伤。

有一位男青年在给女友的信中说：“昨夜，我梦见自己向你求婚了，你怎么看呢？”“这只能表明你睡眠时比醒着时更有人情味。”他的女友巧妙地回答。

善于在言辞上花一些工夫，以幽默风趣的谈吐，制造出一种活泼宽松的交际氛围，不知不觉中，你就会获得对方的青睐。可以这么说，如果爱情中没有幽默和笑，那么爱还有什么意义呢？甚至有人说，爱就从幽默开始。

幽默为爱情升温

恋爱只有通过“交谈”，才会有“恋”有“爱”，而语言的幽默如同牛奶中的蜂蜜，它能增添个人魅力，促使感情升温。

爱情需要感情作基础，但这并不说明爱情与说话能力毫无关系，感情的培养同说话有密切的联系。谈情说爱就着重于“谈、说”二字。如果能采用幽默的语言，对于爱情的获得不无好处。看看故事中年轻的男办事员是怎么约会女办事员的：

男办事员：“我俩到那边的茶店喝一杯咖啡吧！”

女办事员：“那怎么成？中午的休息时间只剩下五分钟了。”

男办事员：“你就相信我吧！我是办事能力最高的专家呢！我只想对你讲一句话而已……”

毫无疑问，听过男办事员的这番“歪理”后，女办事员肯定欣然应约。幽默的言谈是男女关系中最富情感张力的语言形式，使用幽默能自然地增进彼此的亲密感。

20 世纪 40 年代，著名影星赵丹从监狱里出来，妻子已经改嫁了。后来有一部电影挑选赵丹与黄宗英担任男女主角。这为两人以后结成连理提供了契机。其实，在见面之前，赵丹和黄宗英已经互有好感，只是不太确认。所以，当黄宗英从外地赶到上海时，赵丹前去迎接。

那天是周末，一见面黄宗英就故意惊讶地说：“真没有想到，你会

来接我。你家里今天就没有别的事儿要处理吗?”赵丹微笑着说：“为什么我就不能来接你？再说，我已经没有‘家’了!”

路上黄宗英继续试探说：“我不明白，大上海有那么多的明星，为什么千里迢迢要我来?”赵丹幽默地回答：“这叫千鸟易得，一凤难求。”黄宗英呵呵大笑，放下心来。

赵丹三言两语就把自己的家庭、婚姻及追求表达得淋漓尽致，他用轻松幽默的谈吐赢得了黄宗英的好感，争取了凤求凰的主动，为他们后来的顺利交往终至结成姻缘奠定了良好的基础。

处于热恋中的朋友，切不可忘了幽默的升温作用。只要你调动神经中的机智这根弦，即可与你的恋人奏一曲和谐的恋歌。

小李和女友谈恋爱一年多了，一直很想拥抱一下她，但不确定女友是什么态度，害怕自己的粗鲁会吓坏女友。

一个月牙儿当空的夜晚，万籁俱寂，小李和女友在公园的长椅上坐着休息。看着月光下女友迷人的脸庞，小李说：“亲爱的，听说真心相爱的人会有一个普遍规律，那就是男子手臂的长等于女子的腰围。你相信吗?”

“是真的吗?”女友睁大了眼睛问道，“嗯，要不，你试试看……”就这样，小李顺理成章地拥抱了女友。两个人的感情也越来越深厚了。

有时候并不一定非要男人幽默，女人也可以幽默，这样两个人的关系才会更和谐，才会让恋人陶醉在情中，享受爱情的甜蜜。

面对女友疲倦的脸，不妨来一句：“怎么了？愁眉苦脸的熊猫宝贝，快点去休息吧！明天你的工作一定会顺利的！加油吧!”女友立刻“反驳”说：“我是愁眉苦脸的熊猫，那么你就是一只飞上飞下的花蝴蝶，一刻也不安生呢!”两人对视一笑，沉浸在美好的爱河中。

无数事实证明，男女之间互相怀有好感，长出了感情的幼芽，是否使它健康地生长，直到开出花朵，结出果实，如何浇灌语言之水是其中

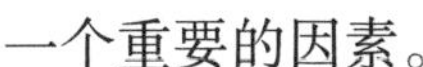

一个重要的因素。

日本幽默家秋田实说过，幽默是爱情的催化剂，因为幽默的言谈最易激发爱的温柔。借助幽默，我们能让自己所爱的人感受到无比的幸福和快乐，酝酿出温暖美好的感情之花。

幽默风趣，男人展示魅力的利器

幽默是展示男人魅力和形象的一种不可或缺的手段。女人把幽默的男人当作快乐的使者和力量的源泉。从某种意义上说，男人是为女人而幽默的。

我们的生活中不能缺少幽默。女性大都喜欢幽默的男人，因为幽默对女人尤其能起到调节心情的作用。

据调查，很多的女子选择爱人，条件可能多种多样，但不变的一条就是幽默。和一个幽默的人生活总会收获许多意想不到的幸福。

曾在大学校园里见过一则启事，几个女大学生想在假期去游泰山，征求几个男士为伴，条件是“身体健康，健谈，有幽默感”。而寻找配偶是寻找一辈子的伴侣，更不能找一个乏味呆板的人。

一个富有的女子被问及为什么家财万贯、才气纵横的人她不嫁，却选择一介贫民的原因，女子肯定地回答：“因他令我笑。”

细想一下，也是这么一个道理，如果和一个不懂得幽默的男人一起生活，那该是多么无聊乏味。所以，不管是在生活中还是在工作中，多一点幽默，就多一些快乐。

一个绅士登门拜访一位小姐，被仆人拦在了门外。“十分抱歉！小姐要我告诉你，她今天不在家。”

绅士脱下帽子有礼貌地说：“没关系，那就请你告诉她，我今天并没有来过！”

这样的幽默处理，以善意的话语说出了此君的心情，并对女主人避而不见的做法表达出了刺谏。相信，当小姐听到这样的答话时，会忍不住走出来与此君相见的。

幽默似乎是上天赐给男人的一种利器，揣着它可以使你所向披靡。尤其是在恋爱生活中，由于概念转换的幽默法容易为人掌握，人们有意识或无意识地在大量应用幽默，给恋爱生活带来欢乐和情趣。

一对恋人进入了热恋阶段，一阵亲热后，女朋友问：“我问你，别瞒着我，你在和我亲热之前，有谁摸过你的头，揉过你的发，捏过你的颊?”

男朋友说：“啊，这太多了，昨天，就有一个!”女朋友愕然，忙问：“谁呀?”男朋友说：“理发师。”

男朋友把“还有什么女孩子和你亲热”的概念转移到“理发师”身上，一语出口，既回答了问题，又逗乐了女朋友。真叫人为之一笑!

幽默，也是男人与生俱来的一大天性。我们瞧一瞧古今中外的戏台上，就不难发现丑角全让天下的男人给承包了。就是今日的丑星族，也很难找出几位女同胞来。别看女人常说风趣的男人“讨厌!”但这种女性大多是形嗔心喜，她们口头上似乎十二分地生气，而内心里却早已是花不迷人人自迷了！如果一个男人从里到外、从上到下表现不出一点幽默来，那么他或许就会被置于一个被女同胞永远遗忘的角落里。

古希腊著名哲学家柏拉图长得一点都对不起观众，但他却谈笑风生，说自己的眼睛像金鱼一样凸现，这符合光学上的透视原理；鼻子朝天冲去，有利于呼吸新鲜空气；嘴阔大无比，可以同姑娘高质量地接吻。听了这些有趣的夫子之道，人们不但不会对这位相貌丑陋的大哲学

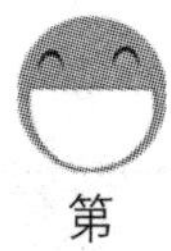

家感到厌恶，反会觉得他长得有个性，丑得恰到好处！

一男青年收到女朋友的绝交信，信中写道：“虽然咱们的关系已经结束，但你必须赔偿我四年的青春损失费……”

男青年回了一封短信：“亲爱的，这笔钱我不能出，因为你没有参加保险。”

男人的幽默，可以出奇制胜，化腐朽为神奇，藏丑显美。这就是幽默在恋爱中为男人增添的魅力。

幽默化解爱情里的小矛盾

幽默谈吐作为一种含蓄的表达方式，使得人们乐以此道在恋爱生活中表达爱的情感，解决爱情中的小摩擦，在欢笑中体会到彼此的爱。

在恋爱过程中，恋爱对方不可避免地会出现一些误会或矛盾，这时就需要以幽默来巧妙解决。

有一对恋人约会，男人迟到了，女人撅着嘴不高兴。

男人见此情景笑了笑，然后，不慌不忙地走到女人身旁，对她说：“我今天有一个重大发现。”女人不做声，投来疑惑的眼光。男人赶忙上前一步，附在女人耳旁小声说：“我告诉你一件事，请你保守秘密。我今天发现——你是多么爱我。”一句悄悄话，女人脸上“多云转晴”，漾起了幸福的微笑。

爱情是甜美的，爱情之花需要用甜甜蜜蜜的话语来培育。但甜言蜜语不能虚夸，要发自肺腑地爱慕、赞美和尊重对方的言谈，这就需要借

助幽默的艺术，使甜甜的话语婉转动听。

有一个姑娘问男朋友："你为什么总送人造花给我？我喜欢鲜花啊。"男朋友从容答道："亲爱的，这是因为鲜花总是在我等你的时候就枯萎了。""真的吗？你真的非常爱我吗？"姑娘不放心地追问。"非常爱你。""那你能为我献出生命吗？"男朋友扳过姑娘的脸，看着她的眼睛认真地说："亲爱的，我想这可不行。因为如果我死了，还有谁能像我这样来爱你呢？"姑娘一边抿嘴笑，一边嗔怒地捶打男朋友的肩膀。

恋人间交往要善于使用幽默的谈吐，诚恳对人，热情大方，自尊自重，以自身良好的修养和人品赢得异性的尊重和爱。即使遇上磕磕绊绊的时候，幽默说话也可以化干戈为玉帛。

有一位文学硕士生，在热恋之际，仍手不释卷地用功读书。女友不满地说道："但愿我也能变成一本书。"硕士疑惑不解地问："为什么啊？""那样你就会没日没夜地把我捧在手上了。"女友说。

看到女友满脸的不快，硕士打趣地说："那可不行，要知道，我每看完一本书就要换新的……"女友急了："那我就变成你书桌上的古汉语词典！"说完，两人都不禁噗嗤笑了。

用幽默来解决小矛盾时也要把握好说话尺度和时机，以避免不仅没解决问题，反而火上浇油。

有一个姑娘约会迟到了十五分钟。她赶到时，小伙子正焦急地东张西望。姑娘不好意思地扬扬手腕："对不起，我又来晚了。不过这次是有原因的，我的手表停了。"

小伙子笑笑说："看来你需要换一块手表了，要不，下次约会我就得换人了。"

如果两人的关系已经敲定，到了无话不谈的时候，这样幽默一下会有很好的效果。可是如果双方还较生疏，断不可这样，否则，姑娘不但不会"换手表"，还会把男朋友换了。

幽默拒绝对方的爱

只要别人的求爱是真诚的、善意的，我们理应感激求爱者对自己的赏识和喜爱。回拒对方时应诚恳、婉转，在尊重对方人格、尽量少地给对方造成痛苦的前提下，明确地表达自己的态度。

法国科学家格林吉亚成名后，受到不少女青年的爱慕。也有一些不拘小节的姑娘采取不适当的求爱方式。

一天，有一位姑娘只穿着比基尼闯进他的实验室，对科学家说："亲爱的，你觉得我的身材美吗？诱人吗?"

"是的，太美了。"格林吉亚平静地说，"美得同维纳斯一样，可我总不能玷污圣洁的维纳斯呀。"

有一个小伙子粗心大意，笔下爱出错别字。他给心上人的情书，开头一句将"亲爱的姑娘"写成"亲爱的姑妈"。

姑娘接到信后，觉得很可笑，她本不喜欢这个粗心的小伙子，当然要拒绝求爱，不过为了有利于小伙子改正缺点，她把信退了回去，风趣地附了一首打油诗："怪你眼睛瞎，姑娘喊姑妈，若还嫁给你，羞死我一家。"

拒绝虽然要讲究委婉，但对于别有所图、并无真实情感的求爱者也不必太客气。幽默以其独有的意味深长，可以使拒绝达到入木三分的效果。

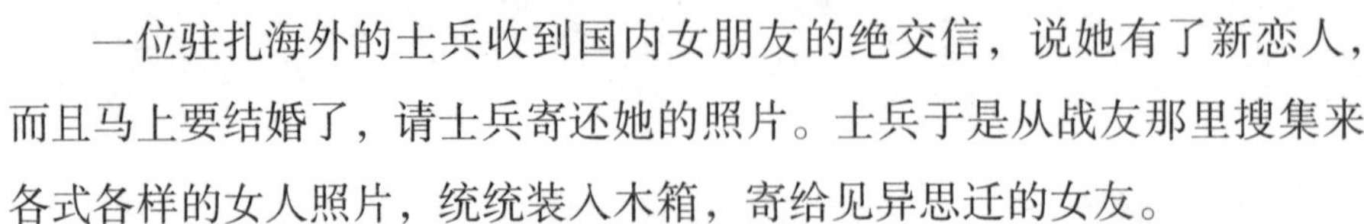

一位驻扎海外的士兵收到国内女朋友的绝交信，说她有了新恋人，而且马上要结婚了，请士兵寄还她的照片。士兵于是从战友那里搜集来各式各样的女人照片，统统装入木箱，寄给见异思迁的女友。

女友收到箱子，顿时羞得满面通红。因为箱子里面还有一张便条，上面写道：“请挑出你自己的照片，其余的寄回来。”

善意谎言，走下求爱被拒的台阶

《孙子兵法》中有“兵不厌诈”，其实，在恋爱方面也可以运用这种计谋，必要时或者遭遇窘境的时候，可以运用幽默动听的方式，把假话当成真话说。

一般人在求爱的时候如果遭受对方拒绝，往往找不到可下的台阶，处境十分尴尬和狼狈。这时候，运用幽默说谎的手法，你就可以轻松地摆脱窘境。

一部外国的电视剧有这样一个片段：

女主角伤心地说：“我实在是不爱你！我现在对你已经无法产生兴趣。”

“这不是你的心里话！”男主角从容不迫地回答。既给自己一个可下的台阶，避免陷于窘迫的境地，又给女方一个挽回的机会。

女主角又说：“我确实是这么想的，这的确是我的心里话。”

“你不要再骗自己了！”男主角毫不气馁地答道。

女主角捂着脸，反复强调“我……我根本没有欺骗自己，我真的是

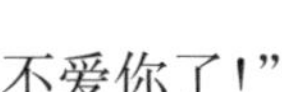

不爱你了！”

“你不要这样讲了，其实你的心中只有我！”男主角依旧不慌不忙地步步逼近。

剧中的男主角采用了一种幽默说谎法，抓住对方紧逼不放，不仅使自己漂亮地走下台阶，使对方觉得哭笑不得，还增加了女主角对他的好感。同时，自我欺骗的“谎言”还给对方留有收回此话的余地。

幽默说谎法值得人们学习，生活中的恋爱男女如果像男主角一样幽默说谎，反复强调，或许能软化对方的心，觉得你对她是诚挚的，就不再拒绝你，最终回心转意了。

芳芳新认识的男朋友有点大男子主义，平时不太注重个人卫生。当他再一次穿着带有汗味的衬衫来约见她时，芳芳明确指出了他的陋习并拒绝了他。

男友没有沮丧，而是给了她寄来了一大束鲜花。里面有一张卡片，上面写着：“亲爱的芳芳，我知道女性最不能原谅的是男人不爱干净的习性。可是，我相信你会原谅我的——因为，你的美丽会抵消我的丑恶。”

对爱情来说，“善意的欺骗”乃是被用惯了的技巧。这段话里男友不动声色地认了错，还极其巧妙地夸赞了芳芳的魅力，尽管是一些不着边的借口。但即使无法获取芳芳的谅解，这个高超的“谎言”也会为他争取不少形象分。

不过，一般情况下要“哄骗”对方之时，最好还是用客观的态度去观察问题，等准确发现了其价值以后，再着手进行。并且要想使这些“谎话”取得效果，必须有一个前提，那就是要认真严肃地把这句话说出口来。

当拒绝你的女友并不是特别美丽时，你可以这样幽默地赞美对方：“我只能在三种场合之下去爱女人。第一是碰到趣味高雅的女人，第二

是身体有所需求之时，第三就是碰上你这样的理想的对象之时……”表示你不是一个浅薄的人，你懂得从其他角度来欣赏她身上的优点。

如果你想让他明白你真的很想他（她），你可以这样夸大你的思念：“自从昨天跟你分手之后，我掰着指头数，到今天已经整整‘一个月’了。”

这些都是能够赢得女人芳心的善意“谎话”，虽然难免夸大其词或者是为自己找借口，但想想这些话可能使对方的“死刑”判决翻案，也是值得一用的。至少，幽默的“善意谎言”能在本该尴尬的情景里让尴尬的双方都有台阶可下。

第十二章

家庭幽默调味：保持家庭幸福的润滑剂

如果说家是锅碗瓢盆的小日子，那么幽默就是油盐酱醋的调味品；如果家是温馨的港湾，那幽默就是港湾偶尔翻滚的波浪；如果说家是一首爱的赞歌，那么幽默就是其中欢悦的音符。有幽默的地方就有笑声，家更需要幽默。

家有幽默妻，可抵万金

如果说女人的温柔是糖，一味地甜下去，总有一天会把男人给腻死。而幽默是调味剂，它的存在能调出与众不同的味道，调出家庭生活的别样温馨。

女性的幽默犹如雨后的青青荷叶，又如晨曦中带露的玫瑰。没有幽默感的女人，就像鲜花没有香味，只有形，没有神，看上去总是差那么一点逼人的灵气。

在中国古老的《诗经》里，一个无名的女子曾唱道："子不我思，岂无他人。"这就是一种颇为含蓄的幽默。读到此处，仿佛可以看见一位妙龄女子，脸色微愠，从容不迫地对他的情郎说："你要是不想念我，别以为就没有别人想我了！"既含有对情郎醋意十足的娇嗔，也有一股自信不屑的语气在里面，至柔中带有惊心动魄的至刚，可谓是洒脱至极，自然诱得情郎马前鞍后地跟着。

在柴米油盐酱醋茶的平凡生活里，跟那些一味死讲道理的女人相比，能够将幽默使用得出神入化的女人当然更容易获得男人的宠爱。

一辈子的时间太长，两个人之间总难免磕磕碰碰，互不相让的结果就是两败俱伤。真正聪慧的妻子，能悟出夫妻间如何相处才能幸福的真理。她不会为了对错或争一口气而语气僵硬甚至恶毒，因为强硬的态度是不可能解决问题的，她知道有时候一个小小的幽默比千万句大道理更

有杀伤力。

苏菲回家时遇上了闺密，于是临时决定和朋友出去逛街泡吧。回到家以后才发现，老公准备了满满一桌的饭菜等待着祝贺他们的结婚周年纪念日。

一番唇枪舌剑之后，两人都不肯让步，一时间僵持不下。

苏菲到家后突然意识到，这样僵持下去并不能解决问题，反而会使夫妻关系恶化。于是她轻声地说："今天是我不对，我太过于爱你，觉得和你在一起的每一天都是节日，快乐到连每天什么日子都给忘记了……"

男人一愣，心随即变得柔软，抱着苏菲说："亲爱的，谁都没错，大家都是一时情绪之争而已，没有什么大不了的。"一场一触即发的战争就这样偃旗息鼓。

当然了，苏菲也许并没有认为自己做错了什么，但是她知道，夫妻间的吵架根本就没有谁是谁非，就像是一道没有标准答案的申论题，大家各自表述，各有立场和想法。只有给自己和对方找一个巧妙的台阶，在口头上先让让步，创造一个良性循环的起点，才能使得双方有退路可以走，才能化大事为小事，化小事为没事。

丈夫问妻子："亲爱的，上帝把你造得这样漂亮，又这么愚蠢，这是为什么呢?"

妻子回答："这个问题太简单了。把我造得漂亮，是为了让你爱我；把我造得愚蠢，我才会爱上你。"

女人恰当的幽默不只能给家庭生活带来无尽的欢乐，更能够给一个家庭带来希望和信心。尤其是在一个家庭面临危机的时候，女人的乐观，往往能化解男人的挫败感和失败感，给男人继续奋斗的勇气。

有一位大老板，生意失败后负债破产，他整日沉迷在失败的悲痛中，不知道自己什么时候可以东山再起。落魄的他不愿意连累年轻貌美

的妻子，多次向妻子表示要分开，妻子坚决不答应。

由于经济拮据，只能买便宜的米来煮饭吃，于是每餐的米饭里都带有不少的谷壳。每次吃饭，他总是要花很长时间先把谷壳挑出来，然后才把饭舀给妻子吃。但是妻子还是会不时吃到坚硬的谷壳，他心中很不安，愧疚地问她说："亲爱的，对不起！今天饭里面好像又有很多谷壳吧？"

谁知他的妻子却微笑着摇摇头，撒娇地说："不会啦！也有很多米饭呀！"他听了，眼眶泛红，说不出话来，只是下定决心重头做起，让妻子过上富足幸福的生活。五年以后，他的连锁店开遍全世界。

幽默的女人会格外受到命运的青睐，这样的女人不仅是快乐知足的，也会因为她的幽默而是包容和智慧的，让她身边的人愿意和她厮守一生或互相照顾，自然地，她的生活就越来越幸福。

曲解幽默，犯错误时的智囊

一日夫妻百日恩，只有夫妻之间才不会刻意计较，才不会在意对方的借口是否得当。因此，巧用一些听起来荒谬的幽默理由为自己的过失解释，远比一声不吭要明智得多。

家庭不是讲理的地方，夫妻之间不需要太多严肃认真、正儿八经的是非理论，却常常不可少了嘻嘻哈哈、"胡说八道"的歪理幽默。在许多幸福的家庭中，妻子或丈夫恰恰是凭满腹歪理、满口胡言赢得了对方的欢心。

所谓曲解，就是以一种轻松、调侃的态度，对一个问题“歪曲”、“荒诞”地进行解释，将两个表面上毫不沾边的东西联系起来，造成一种不和谐、不合情理、出人意料的效果，从而产生幽默感，在笑语中解决问题。

一天，一位妻子嘟着嘴巴对她的丈夫说：“你看邻居家的先生，每次出门都要吻他的妻子，你就不能做到这一点吗?”丈夫说：“当然可以，不过我目前跟他家太太还不太熟。”

“那你记得今天是我生日吗，你为什么不提前准备一样东西送给我呢?”丈夫这才意识到自己的粗心，不过他马上献上一句漂亮的话：“亲爱的，我不打算让你想起自己又长了一岁。”

幽默诙谐的语言虽不足信，但一定大大消解了妻子的怒气。

家庭是男人和女人靠爱情建立起来的，又靠爱情来维系的栖息地。夫妻间的是是非非、恩恩怨怨不是某种道理可以讲得清的，夫妻之间的一些行为也就不能简单地以“是非对错”来判断，而歪理往往能产生幽默，缓和矛盾。

一位妻子瞪着丈夫说：“我一见你就来气。”丈夫却慢条斯理地回答：“好啊，我练了一年气功还没气感，原来是你把我身上的气都吸到你身上去了。”这位丈夫巧妙地将生气的“气”偷换成气功的“气”，逗妻子一乐，她的“气”也就在笑声中消了。

新娘子不小心把贝多芬石膏像掉在地上，摔去了一只耳朵，新郎刚要责备，新娘子笑着说了一句：“哎呀，反正贝多芬是聋子，耳朵只是个摆设，留着也没用啊。”这一俏皮，使新郎不禁开心地笑了。

只要我们热爱生活，善于观察生活，珍惜夫妻间的感情，幽默便会像喷泉一样不断地涌出。

有这么一位先生回家时，装作气喘如牛的样子，却又得意洋洋地对妻子说：“我一路跟在公共汽车后面跑回来，”他喘着气说，“这一来我

省了一元钱。”

他妻子笑着说：“你何不跟在计程车后面跑，可以省下十元钱!”

上面这个幽默故事中，丈夫所说的明显是假的，他要表达的是妻子对他的钱管得太紧了，他不得不省钱跑回家。妻子理解丈夫的意思，在莞尔一笑的同时，以幽默的话回避了丈夫的话题。

用幽默化解夫妻冲突

俗话说“没有勺子不碰锅沿儿的”。幽默地看待和应付意见不合，就能够使自己不动肝火，并很快地平息对方的怒火，使夫妻化干戈为玉帛，使家庭生活中的小小波澜不致发展为狂风恶浪。

生活中，不吵架的夫妻实属罕见。一句话，一个动作，乃至一个眼色，都可能导致一场冲突。夫妻发生冲突并不可怕，问题在于如何尽快平息。如果双方都懂得一点幽默的技巧，便会立竿见影，化干戈为玉帛。

吃饭时，丈夫尝了尝汤，问道：“家里还有盐吗?”

“当然有，”妻子说，“我就去给你拿来。”

“不用了，亲爱的，我以为你把所有的盐都放在汤里了呢!”

这句话暗示妻子做的汤太咸，婉转道来，既亲切又幽默。如果不讲方式地埋怨、责怪对方，向爱人气鼓鼓地发牢骚，往往容易引发对方的恼怒，引发夫妻之间的“战火”。而以幽默的语言表达自己的不满，对方就会在会心一笑之后理解你，接受你的意见。

一位妻子严格掌控家里的财政大权，丈夫苦不堪言。一次乘公共汽车，妻子对丈夫说："喂，你去买票吧，有零钱吗？"丈夫笑着说："你忘性真大。自打和你认识起，我兜里从来就没有过整张的。"

有一位妻子生丈夫的气，赌气不吃饭。丈夫忙盛了一碗饭给妻子，并轻松地开玩笑说："你吃下这碗饭，才有力气和我吵啊！"妻子本来是要向丈夫发一通脾气的，听丈夫这么说，倒有些不好意思生气了。

再没有比一个唠唠叨叨的女人更让男人退避三舍的了。女人要表达自己的不满是可以理解的，但要讲究方法，幽默委婉地抱怨往往能取得较好的效果。

妻子对丈夫说："你经常说梦话，还是去医院检查一下吧。"丈夫笑着说："还是不用吧，要是治好了这病，我就没有一点说话的机会了。"

妻子本是从关心丈夫的角度出发，而丈夫装作不懂，把话题引到妻子话多的问题上，说梦话是生理疾病，说话多是心理习惯，丈夫以虚对实的幽默表达着他淡淡的抱怨，妻子能在幽默里领悟丈夫的潜台词，幽默让生活充满情趣。

当对对方的行为有所不满时，尽可能以幽默委婉的话语作为抱怨的基调。这样才能降低对方的误解，同时更重要的是，你的幽默已经事先为对方设定了一个遵循的标准。

有一对年轻人结婚没有房子，租了两间房做新房。新婚不久丈夫就离家到外地上班去了，走前说好两个星期后寄钱回家。可是妻子等了快一个月了，一直没收到钱，就发电报给丈夫说："请速寄钱，房东逼租。"

丈夫因手头紧，回电说："这几天忙，过一段一定寄钱。亲爱的，给你一千个吻。"

妻子气得没办法，回电说："亲爱的，现在不急了，你给我的一千个吻，我给了房东，他说房租不用交了。"

想必丈夫收到这个电报一定吓坏了，会火速赶回家去交付房租。

这个幽默的妻子利用丈夫的“一千个吻”逼回了丈夫，而不是“一哭二闹三上吊”大吵大闹，反而取得了更圆满的效果。夫妻间经常会有各种冲突，但如果处理不当，轻则搞得双方心情不愉快，重则会使双方感情出现裂痕，天长地久，由量变到质变，后果不堪设想，可能导致家庭解体。

很多人择偶的一个主要标准是对方是否有幽默感。具幽默感的人，所到之处，便充满欢乐与融和气氛。具幽默感的人，一定懂得如何调节夫妻间的冲突，营造出“柳暗花明又一村”的家庭氛围。

幽默，醋意的中和剂

“醋意”人皆有之，不管是男人还是女人。从某种意义上讲，没有了醋意，也就没有了爱情，适量加点醋，可以开胃，增进感情。

爱是自私的，最明显的表现就是“吃醋”。但“吃醋”不见得是一件坏事，有时恋人打翻了醋坛子，即兴展示自己的嫉妒，也能给爱情生活增添不少光彩。

妻子在打扫卫生时，从丈夫的抽屉里竟然翻出一大沓前女友的相片，妻子马上就吃起醋来，怒气冲冲地喊来丈夫质问。

丈夫自知理亏，但扔之不忍，留之不行，于是灵机一动，在每张相片背后写上一句：“再美美不过我的好妻子。”妻子方才眉开眼笑，两人和好如初。

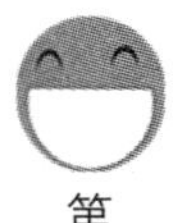

一对新婚夫妻一起去参观新潮美术展览，当他们走到一幅仅以几片树叶遮掩着私处的裸女像油画前时，男人很长时间都不想离开。

女人忍无可忍，狠狠地揪住男人衣领吼道：“喂！你想站到秋天吗？”

这位醋吃到油画上的女人，幽默神经可是够发达的。

但是，这种幽默吃醋法也要把握分寸，如果是醋意大到敏感的地步，以至于影响到夫妻之间的情感就会失去其原本的作用。

一位刚刚荣升某大企业总经理的男人，一天和妻子开车去野外兜风，放松心情。

半路上到一个加油站加油。男人说自己有些累了，想休息一会儿，就叫妻子下去加油而自己留在车上。没想到妻子和加油站的老板有说有笑，非常开心，而且临走时还互相握了一下手，这时他就心生醋意。等到加完油，妻子回到车上。

“刚才你和那个站长真是有说有笑啊！”男人不高兴地说。“噢，他是我的高中同学，还有过一段感情！”妻子回答说。

“你呀，如果当初嫁给他，现在就只是加油站站长的妻子，哪里会是总经理的妻子呢！”他有点吃醋地说。“你要搞清楚，如果我当初选择了他，现在当总经理的就不会是你，而是他了！”妻子很认真地回答。

对于爱吃醋的一方，可以借用幽默避其锋芒，转弯抹角地将对方的醋意轻轻弹压一下，而又不刺伤对方，同时也可以消解对方的妒意，维护双方的感情。

有一位少妇责备自己的丈夫说：“你这个人太不正经了，每次看见漂亮的女人，简直忘记了自己已经结过婚了！”丈夫回答说：“你完全说错了，刚好相反，我每次看见漂亮女人，心里最耿耿难忘的就是已经结了婚。”

一对夫妇在街上走着，迎面来了一位打扮入时的漂亮女郎，丈夫忍

不住多看了几眼，妻子脸上马上阴云密布："那么色迷迷地看人家干什么?"丈夫回答："亲爱的，你误会了，我不是在看人，我是看人家穿的衣服，好照那款式给你买一身呀。"妻子虽然半信半疑，但脸上已有了笑意。

吵架中的幽默智慧

婚姻中夫妻双方最好掌握一点幽默技巧，化日常的"吵斗"为"吵逗"。夫妻两人争吵到一定程度，一方投之以幽默，另一方报之以幽默，可以使矛盾得以化解，争吵得以平息。

有人说，适当的争吵是婚姻别具风味的佐料，没有争吵的家庭是缺乏个性的拼凑。夫妻之间有时意见不同，争争吵吵是难免的，但要注意争吵的方式方法，尽量不要使争吵破坏了夫妻感情。吵架确实也是一门艺术，不会吵的夫妻，每天哭丧着脸或者吵得四邻不得安宁；会吵的人，能将怒火化为笑脸，吵也吵得富有情趣。

妻子想买件衣服，丈夫陪她上街去买，从一大早逛到晚上也没有买到中意的衣服。妻子每次征求丈夫意见时，丈夫总是心不在焉地说好看。最后妻子不耐烦地说："你这个人就是这样随随便便!"

丈夫一见惹怒了妻子，连忙回答："当初我就是这样随随便便挑上你的，你可是精挑细选才选上我的。"

丈夫把妻子对自己"随随便便"解释为妻子当年"精挑细选"的结果，巧妙的幽默，既挽回了面子，又不使"战争"升级。

一位丈夫在家总觉得憋闷，常出去同朋友打牌聊天。一天丈夫回家晚了，妻子同他争吵起来。妻子说："你刚结婚时，不是说在家里很幸福，看到我就像看到了全世界吗？"丈夫争辩说："我是这么说过，但是那时我对世界还不熟啊！"

使用幽默，实际上是给对方一个台阶、一个借口，即使在夫妻之间，这种台阶也是十分必要的。

妻子做错了一件事，丈夫没好气地说："当初我说什么来着？你偏不听！请你以后记住，男人的思考总是对的，判断准确无误，而女人恰恰相反！"

妻子接上说："是啊，你选我做妻子是绝对正确的，而我选你做丈夫是大错特错的！"

另一对夫妻在激烈的争吵后，丈夫还不解气，就在门后贴了一张纸条："三年不死老婆，大晦气矣。"妻子进门后看到了，就取笔改动了一个标点："三年不死，老婆大晦气矣。"丈夫见了，不禁莞尔而笑。双方的气都消了，遂和好如初。

争吵中幽默的运用，不但可以化解正面的语言冲突，而且可以避免双方的激愤，防止冲突升级。夫妻之间使用这种幽默，最好带有一些感情色彩，蕴含爱意，这样更易打动对方，获得更好的效果。

有一位妻子外出时因匆忙离家而没封好炉子，等她回来，炉子早灭了。丈夫比她早一步到家，见家里冷锅冷灶，顿时火冒三丈，见妻子进门，劈头盖脸地发起火来："你真是粗心大意，连火都看不住。"

妻子平和地笑着说："你火什么？火再大也点不着炉子。"丈夫脸上的肌肉开始松弛了，但仍然怒气未消地说："你呀，要没有我，怕是连饭也吃不到肚子里。""所以我才找你做丈夫啊！"丈夫终于"扑哧"笑了。

这位妇女巧妙地偷换概念，将"发火"与"点火"混同起来，使

得丈夫的火再大，也无法向这样的妻子发作。

“一日夫妻百日恩，吵架也是感情深”，吵架作为夫妻之间日常交流的一部分，越来越多地影响到家庭生活质量，恶言恶语只会让感情在争执中流失，只有幽默智慧的“吵逗”才能越“吵”越了解彼此，越“吵”感情越深厚。

借助幽默，温和批评

日常生活中许多生活琐事往往会引发大的干戈，其原因之一是双方的话语中都缺少一种幽默的成分。如果在批评亲人的时候能采用幽默的方式，那么你的批评就已经成功了一半。

家庭生活中，当对方的行为有所偏差时，如果直言不讳，言辞激烈，则难免伤害对方。如果能将严厉的话语制成“糖衣炮弹”，以幽默的方式对有缺点的一方进行善意的揶揄和有节制的讽劝，那么就既达到了批评对方的目的，又增加了趣味的成分，既能使对方心甘情愿地改正错误，也不会伤害对方之间的感情。可以想象，其收效肯定要比直言不讳强。

一位妻子对丈夫说：“我生了个女孩，你妈妈说什么了吗？”

丈夫回答：“没有，她还夸你呢。”

妻子认真地问：“真的，她能夸我什么？”

丈夫一字一句地说：“夸你有福气，将来用不着担心看儿媳妇的脸色行事了。”

这位丈夫没有直接表达对妻子不孝顺母亲的不满，而是以幽默的方式道出，通过这种温和的批评方式，让妻子从一个母亲的角度来看这件事情，使她在回味之余，更容易接受批评并加以改正。

妻子已经有两个礼拜没有打扫房间了。丈夫对妻子的懒惰和邋遢十分不满，就对妻子说："亲爱的，上星期你工作很忙，没有时间做家务，如果这个星期你仍然忙的话，我还可以替你再做一周家务。"

这样说，比严厉指责她的懒惰与疏忽大意来得轻松一些，也更容易被对方接受。幽默是具有智慧、教养和道德上的优越感的表现。在家庭成员的交流中寓庄于谐地表达一个严肃的内容，甚至用来进行善意的批评，每每会使其在轻松的感觉中备受启迪。

现代家庭中，年轻的夫妻往往把孩子交给爷爷奶奶、外公外婆来带。对于老人来说，闲暇时间为子女带小孩儿是一件快乐的事情，但是如果子女不考虑长辈的承受能力，那就谈不上是在"享受"天伦之乐了。

王奶奶有四个孙子孙女，经常被他们的父母送来交给她照管。她告诉儿子和儿媳说："孙儿们来，能带给我双重的快乐！"

"怎么说呢？"儿媳问。

"他们来了，我很快乐；他们走了，我也很快乐。"

王奶奶没有直接抱怨四个孙子孙女给自己生活带来的不便，而是用幽默的方式含蓄地表达了她对儿子和儿媳自己不照看孩子，而总是把孩子送给她来照管的不满。

与家人沟通有分歧时，幽默是一种灵活的表达方式，可以明确而又温和地表达出自己对家人的看法。幽默的言语可以把某些看法转变为一种温和的建议，让亲人平和地了解到我们的想法，重新审视他们自身，改正他们的错误，弥补他们的不足。

幽默力量调教“懒夫”

家庭生活中，幽默说话不仅可以带来欢乐和微笑，它还是一座平衡家庭关系的“天平”，让家庭之舟行驶得更加平稳、和谐。

“接吻是不能永久持续下去的，可饭却是要天天吃的。”这是英国19世纪著名作家梅瑞狄斯的一句名言。的确，由恋爱进入夫妻生活以后，恋爱阶段的花前月下不可避免地要为油盐酱醋茶所取代。如何分配家务劳动，使男人保持婚前的勤奋，就要妻子充分施展幽默智慧，共同营造一个幸福的家庭。

有一位丈夫下班后回到家，见妻子还没回来，就打开电视机等着妻子回来做饭。

妻子进门后也坐下来看电视，想歇一会儿再去做饭。过了一会儿，丈夫的肚子开始“咕咕”叫起来，就催促妻子说：“快去做饭吧，我饿得受不了啦！”

妻子说：“那你帮我一块做。”

丈夫板下脸来，威胁地说：“你再不去做，我可要上馆子去吃了！”

妻子说：“好吧，请你等10分钟。”

丈夫取得了胜利，高兴地说：“你真是越发能干了，10分钟就能做好饭吗？”

妻子说：“不，10分钟我就能打扮好陪你上饭馆了。”

丈夫无可奈何地一笑，只好帮着太太做饭。

有的男人婚前从不让妻子沾手厨房，婚后是自己从不沾手厨房，不但坐享其成，还经常挑剔妻子做的菜，可谓活脱脱的“懒夫”一个。

炎热的夏天，一位妻子在厨房做饭，忙得满头大汗。丈夫却坐在餐桌边悠闲地说：“讲到吃，我最有研究了，比如吃猪脑补脑子，吃猪蹄可以补脚筋……”

这时，妻子端上来一盘炒猪肝，一盘炒猪心。丈夫马上夹起一块放进嘴里，边嚼边问妻子：“你知道这猪肝、猪心是补什么的吗？”

妻子回答说：“专补你这种没有心肝的人。”

虽然说一个成功男人的背后一定有一个能干的女人，但是这个能干的妻子也不是白白操劳的，对于那种不体谅妻子辛劳，认为妻子做饭是天经地义的，不仅不做饭，还对饭菜挑三拣四的懒惰男人，要坚决改造。当然，最好的法子莫过于以“幽默”作为尖针，“戳破”他日渐膨胀的大男子主义习气。

丈夫下班回家，妻子正在厨房做饭。一进门，他就冲妻子喊：“今天给我做什么好吃的了？”

妻子见他一见面就谈吃，淡淡地回答说：“今晚的菜嘛，你倒是可以自主选择。”

“是吗？都有些什么菜？”

“炒白菜。”

“还有呢？”

“没有了。”

“那我怎么选择？”

“我的意思是，你可以选择吃还是不吃。”

聪慧的妻子充分掌握了丈夫的心理，用“自主选择”诱敌深入，而后当头棒喝，诙谐而又明确地告诉丈夫“爱吃不吃”，这种不伤及丈夫

自尊心的巧妙战术，值得主妇们多加学习。

妻子："亲爱的，你能把昨天晚上换下来的衣服洗一下吗？"

丈夫："不，我还没睡醒呢！"

妻子："我只不过是考验你一下，其实衣服都已经洗好了。"

丈夫："我也只是和你开玩笑，其实我很愿意帮你洗衣服的。"

妻子："我也是在和你开玩笑，衣服还没洗，既然你愿意，那就请你快去干吧！"

丈夫此时不得不佩服和欣赏妻子的幽默和情趣，高兴地去干不愿干的家务。在家庭中，不仅需要温柔，也需要有不断激荡的热情和活力。这种热情和活力可以使爱情富有朝气。

男人觉得自己承担的家务过多，提议家里要家务分工，妻子同意了，说："首先，脏活累活得男人干吧。如擦地、刷马桶、擦桌子……"男人点头答应。

妻子接着说："俗话说'男主外，女主内'，和外人打交道的事情得你干吧，买菜、交水费、取报纸和牛奶等……"男人没有话可以反驳。

妻子继续说："你是学理工的，我是学文科的，带电的东西得你干吧！像洗衣机、电冰箱、电饭锅、电熨斗之类。还有，厨房里油烟那么大，对皮肤不好，做饭也得你干吧！"男人咬咬牙答应了。

等分完了工，男人发现自己几乎揽下了全部的家务，就质问妻子："那你就直接说你都干些什么吧？"妻子在男人脸上俏皮地留下一个吻，温柔地回答："我也有很多要干的呀，我要时时陪着你，监督你，赞美你，安慰你……不是吗？"

虽然生活中不可能有如此"完美"的分工，但是女人用自己得天独厚的幽默，巧妙地把家务重担丢给了男人，还使得男人乖乖接受，无力反抗。

家庭中充满了善意和爱，是一个很好诱发幽默的环境。家有"懒夫"？不怕不怕，快用幽默的特殊力量来改造！

用幽默应对妻子的“专政”

在心爱的女人面前就范，水深火热中不时地反抗几下，聪明又宽容的男人其实最清楚，他们是以这种大智若愚的姿态来面对和处理不可能不发生摩擦的夫妻关系，是一种生活的智慧。

有一个人走夜路遇到强盗，强盗拿着刀子逼他交出身上所有的钱。他苦苦哀求：“你把我身上的钱全拿走了，我回去怎么向太太交代？我太太不会相信我遇到强盗的。”强盗也苦笑着说：“废话，你认为我太太会相信我没有抢到任何东西吗？”

这个故事体现出现代家庭关系中的一个通病——“妻管严”。“妻管严”的滋味确实不好受，男人这也不能做，那也不能碰，否则便捅了马蜂窝般遭到妻子的白眼、嘲讽甚至是训斥。如果男人拍案而起，奋起反抗，那结果只会更糟糕，说不定还要跪上一个晚上的搓衣板。

忍着吧，总是有损男子汉形象，并且一味容忍会致使妻子的脾气与日俱增。试试幽默话语的力量吧，用诙谐的语言从妻子手里夺回“一方城池”。

一天，妻子又在动员丈夫戒烟。丈夫不满地说：“你说了半天，我也不知道戒烟到底有多大好处。”

妻子说：“三年不抽烟，买头骡子牵。抽烟能省不少钱呢。”

丈夫问：“还有呢？”

“烟含有尼古丁，抽多了短命。”

“好，好，我戒就是了。”

“什么时候开始？”

“从现在开始，分两步走。第一步，由每月5条减为3条。”

“第二步呢？”

“到第二个阶段，就只限两个时候抽烟。”

“哪两个时候？”

“下雨和不下雨的时候。”

妻子一时间无话可说。

这个丈夫反击的方式虽然不够高明，但肯定在一定程度上动摇了“悍妻”的统治，至少短时间内，妻子不会再用教育说服的方式来劝他戒烟。

还有一对夫妻，妻子对丈夫喝酒管得非常严，她常常将酒柜锁起来，只在来客人时才允许丈夫喝酒。一天，丈夫酒瘾上来，向妻子讨钥匙，妻子不给，说：“开门七件事，柴、米、油、盐、酱、醋、茶，哪里有酒的份儿！”

丈夫回答：“酒是未曾开门就要用的，应该隔夜先买，所以开门七件事里没有它。”

妻子没办法，只好给他拿出酒来。

妻子看着丈夫一杯接一杯的样子，很担心，就狠狠心，花钱买了一只特别的美人杯。这种杯子斟满酒时，杯底就会出现美人，她以为丈夫为了欣赏美人，就舍不得将酒喝干了。可是丈夫还是一口就将一杯酒喝干了。妻子说：“别喝干，喝干了就见不着杯底的美人了。”

丈夫说：“我可不忍心让美人泡在酒中！”

其实在家庭里，“妻管严”也不见得是一件坏事儿。妻子往往只是表面上的统治者，她们并没有恶意“统治”家庭。她们在表面所作的文章，多是为了维护整个家庭的利益，比如让丈夫戒烟戒酒，是真心地为丈夫的身体着想。因此，丈夫一定要理解妻子，尽量地配合妻子，构建一个幽默

幸福的家庭，因为一个和睦欢乐的家庭，才是男人的无价之宝。

一次宴会上，林肯和他的夫人面对面坐着。林肯的一只手在桌上来回移动，两个手指头向着他夫人的方向弯曲。

旁人对此十分好奇，就问林肯夫人："您丈夫为何这样若有所思地看着您？他弯曲的手指，来回移动又是什么意思呢？"

"那很明显，"林肯夫人答道，"离家前我俩发生了小小的争吵，现在他正在向我承认那是他的过错，那两个弯曲的手指表示他正跪着双膝向我道歉呢。"

伟人尚且如此，普通人更应借鉴。只要不是涉及原则性的大事儿，能包容就包容吧！"宰相肚里能撑船"，对老婆做些适当的让步，不仅不失男子汉的威严，反而使显示出你的豁达与风趣。何况一般能管得了老公的妻子多是能干的"内当家"，被"严管"着倒也乐得诸事不管！

亲子沟通，幽默助阵

幽默是父母与孩子沟通的有效方式。世界上有人拒绝痛苦，有人拒绝忧伤，但绝不会有人拒绝笑声。幽默沟通不是大人的特权，与孩子之间的沟通交流也应该妙趣横生。

孩子是爱情的结晶，是家庭中最具活力的成员，孩子有纯真的心灵，孩子本身就能给父母带来无尽的欢乐。和孩子的沟通中要注意培养孩子的幽默感，使孩子养成乐观开朗的性格和与人为善的品质。

晚饭后，孩子和老爸摆开阵势下象棋，对弈之始，性急的儿子只顾

将前面的小兵勇往直前，后面的具有强大威力的长线棋却一个都没动过，如果那些杀伤力极强的棋子被小兵远远抛离的话，前后的兵力就无法及时接应，整个局面很快就会达到孤立无援的地步，孩子想不输都难啊！在一旁观战的妈妈虽然着急，但却没直接提醒他，只轻描淡写地对孩子说："怎么了？你想留着这些大人棋子看家吗？"孩子恍然大悟，一拍脑袋，立刻还以幽默的对答："是哦！家里的小孩子都跑出去了，没大人照顾会很危险呢！好！我就让'舅舅'（儿子的舅舅属马）出去保护这些可爱的小孩子喽！"边说边把马走出去了。

幽默是生活中一种快乐的味道，是一种调节心情的调味品，有了幽默，平淡的生活也变得五光十色起来。一个称职的家长要做的是，了解自己的孩子，不要轻视孩子所做的那些能让你开怀大笑的"傻事"，应该鼓励孩子的幽默，对他们的幽默感作出肯定的表示。

妈妈对女儿说："你不是答应我不瞎闹吗？我跟你讲好的，瞎闹的话就要挨打。"

"是啊！"女儿表示同意，"我没有遵守自己的诺言，所以，如果你不遵守自己的诺言，我也不会怪你。"

有一位父亲把当年结婚照片的相簿拿给小女儿看。小女孩看着照片，先是颇感不解，继而突然眼睛一亮。"我明白了！"她说，"就是这个时候你把妈妈带回家来，帮我们做家事的。"

当小女孩的父亲回忆起以前的美好时，女孩以幽默的言语和父亲一起开心。从一个孩子认为父母无所不知、无所不能，到他能以幽默的方式与父母交流，是一个可喜的变化，这说明他们成长了。

错过妻子生日的丈夫偷偷溜进孩子的房间，晃动手中的糖果，对孩子说："宝贝儿，告诉爸爸，晚上妈妈过生日时提到过我吗？"

"你要我把坏的字眼都略掉吗？"

"是的。"

“好，妈妈什么话也没说。”

爸爸微笑着抱了抱自己可爱的孩子。这时，幽默的语言就成了父母和子女之间一种新的共同语言。

中国传统的家庭教育大都严肃多于宽容，从一些俗语便可见一斑，如“三天不挨打，上房揭瓦”、“棍棒底下出孝子”。在这种教育思想影响下，父母与孩子的关系往往非常对立，而这并不利于孩子全方位地、健康地成长。父母对孩子有教育的义务，孩子有错要管教，但是关键还是在于让孩子明白事理，简单的打骂和训斥不但达不到教育的目的，有时还会伤害孩子的自尊，如果引起他们的逆反情绪，就会更加不利于子女的成长和发展。父母应该有一种平等的观念和态度，多运用幽默的方式对孩子进行教育。

一家人正在吃饭，儿子十分感慨地说：“外国人就是比中国人更文明，即能使在使用餐具上也能体现出来。外国人用的都是金属刀叉，而我们却用两根竹筷子，明显缺少分量。”

父亲听到这话很生气，但他没发火，他说：“这个问题好解决。”然后，他拿起夹炭用的火钳，一把塞给儿子说：“给，用这个吃，这也是金属的，分量也够！”

这位父亲没有直接训斥儿子崇洋媚外，而是巧用幽默进行曲意的批评，这样更易于使儿子接受。

一个6岁的孩子因为痴迷于枪战的电脑游戏，天天冲冲杀杀的，他爸爸很是担心。一天，孩子又在商店里看中了一支新式玩具步枪，缠着要买，而家中的武器玩具早就堆积如山。他爸爸说：“儿子，你的军费开支也太大了，现在是和平时期，咱们裁减点军费如何？”儿子“扑哧”一声笑了，从此，再也没有要父亲买过武器玩具。

幽默表面上只是一种教育手段，实际上它贯穿的是一种乐观精神，一种坚信“明天会更好”的执着。风趣幽默的教育触动的是孩子活泼的天性，因而更能在他们的心灵中留下不灭的印迹，使他们时刻以此警示自己。

参考文献

[1] 郑忠，王目星．跟我学：幽默口才[M]. 北京：中国经济出版社，2006.

[2] 陈栎宇．最快乐的幽默口才[M]. 呼和浩特：内蒙古文化出版社，2004.

[3] 刘言．幽默技巧全书[M]. 北京：中国城市出版社，2004.

[4] 方成．幽默艺术[M]. 北京：商务印书馆，2009.